EXTRA!

EXTRA!

Richard Aplin and Dorinda Beagley

HODDER AND STOUGHTON
LONDON SYDNEY AUCKLAND TORONTO

British Library Cataloguing in Publication Data

Aplin, Richard
Extra!
1. Spoken French language — Questions & answers — For schools
I. Title II. Beagley, Dorinda
448.3′421

ISBN 0 340 40823 5

First published 1988

Phototypeset by Gecko Limited, Bicester, Oxon.
Printed in Great Britain for Hodder and Stoughton Educational, a division of Hodder and Stoughton Ltd, Mill Road, Dunton Green, Sevenoaks, Kent by The Alden Press, Oxford.

Contents

Acknowledgments

The authors and publishers wish to thank the following sources for extracts reproduced in this book:

Illustration adapted from *La Prévention Routière Jeunesse*, tome 2 (p. 16); 'Mon père conduit trop vite' (*Okapi*, No. 233, 1–15.8.81) (p. 20); 'Le journal de Marlon' (*Poney magazine*, No. 29 (adapted)) (p. 29); 'Reglement du concours' (*Vivre à Lyon*, No. 73, décembre 1984) (p. 34); 'Qui peut vous aider à y voir clair?' (*Après la classe de troisième*, ONISEP, 1982) (p. 40); Programme details (*Ouest-France*, No. 12359, 15–16 juin 1985) (pp. 45–46); 'A suivre cette semaine' (*L'Equipe*, No. 10829, 9.3.81) (p. 50); Adverts (*Le plan de circulation*, Syndicat d'Initiative, Beauvais) (p. 55); 'Samedi et dimanche' (*Ouest-France*, No. 12056, 15.6.84) (pp. 58–59); 'En exploration il faut . . .' (*L'ISBA Camp d'été 1981*) (p. 65); *Paris Autobus 1981* (pp. 69–70); 'Parcs et jardins' (*Paris l'Ile de France*, Ministère de la Jeunesse, des Sports et des Loisirs) (p. 76); 'Orly Sud', 'Orly Ouest' and 'Banque – Postes – Téléphones' (Aéroport de Paris, Département de Relations Extérieures) (pp. 80, 81, 87); Adverts (*Gap*, No. 490, 13.9.85) (p. 93).

Every effort has been made to trace copyright holders of material reproduced in this book. Any rights not acknowledged here will be acknowledged in subsequent printings if notice is given to the publisher.

Introduction

We have produced *Extra!* as an additional teaching resource which can be used in a variety of ways. It has a clear connection with *French for Today* Part C, but can be used quite independently, as a self-contained conversation course for any learners in conjunction with any other course.

Each unit of the book contains the following elements:

1 Either a reading passage, simplified from the corresponding unit in *French for Today* Part C, with question activities of different styles in English. This is a reading resource for all learners, and for users of *French for Today* this is a much simpler way into the unit's story for pupils who find the main course text too demanding. (Units 1–4, 6, 8–9, 11, 13–15, 17)

Or simpler exploitation of the text of the pupil's book. (Units 7, 12, 16, 18)
(N. B. The units are numbered in parallel with those of *French for Today* Part C. **There is no introductory section for Unit 10 and no Unit 5 in *Extra!*)**

2 A conversation section. This, the principal part of the book, is comprised of highly structured, gradually-staged conversation development around a topic. Each stage of the section is designed as self-contained, but the order of the stages builds up logically to allow confident self-expression by the learners. The learners are led from identifying and reading basic structures and vocabulary to practising them, from guided situations to open-ended ones, from structured pair-work to open-ended group-work. The point at which most attention is appropriate will depend on the learner's level, and there is conversation work in *Extra!* suitable for those taking first-level graded tests and GCSE candidates alike.

The format of the conversation section is as follows:

Each stage is announced by a capital letter, often preceded by a topic heading in English. Conversations for reading are numbered (usually for pairs). Pair-work activities are indicated by one of two signs.

☆ denotes strictly guided pair-work, while

★ is used to show more open-ended work.

3 Authentic French reading material (Extra Reading), exploited at a reasonably simple level, nearly always in English.

The following resources, details of which are available from the publisher, may be found useful in developing further the work covered in *Extra!*:

1 *French for Today* Workbooks C1 and C2 with exploitation at a wider variety of levels, and more authentic material.
2 *French for Today* Part C Pupil's Cassette, containing recordings of the Pupil's Book stories and conversation sections.
3 *Ça y est!*, a collection of authentic listening and reading material for GCSE examination practice.
4 *Orientations* with more extensive and demanding authentic material activities.

Richard Aplin
Dorinda Beagley

1 Le Salon de l'Auto

1 En octobre, Monsieur Bertillon a décidé d'acheter une voiture neuve. Il a invité ses enfants à l'accompagner au Salon de l'Auto. Philippe a téléphoné à Didier pour l'inviter aussi.

2 Au Salon de l'Auto, Papa a acheté les billets pour entrer. Chaque billet a un numéro et tous les jours à midi, il y a un tirage. Le premier prix est une voiture neuve.

Ils ont regardé toutes sortes de voitures. Les garçons ont préféré les voitures de sport.

3 Marie-Claude et son père ont aimé les voitures de luxe. À midi ils ont décidé de rentrer. Alain a demandé à son père: «Tu as choisi notre nouvelle voiture, papa?»

4 À ce moment-là, ils ont entendu la voix du haut-parleur. «Mesdames, Mesdemoiselles, Messieurs! Attention, s'il vous plaît! Le numéro gagnant aujourd'hui, c'est le 32.533.»

Monsieur Bertillon a cherché les billets.

«Tu as perdu nos billets, papa?» a demandé Marie-Claude.

«Non,» a répondu Monsieur Bertillon. Il a fini par les trouver dans son porte-feuille. «32. 533. C'est fantastique. Nous avons gagné!»

Quelques minutes plus tard, l'employé dans le bureau de renseignements a vérifié le numéro. «Oui, Monsieur, c'est exact. Vous avez gagné . . . une Renault 5.»

1 Who decided to buy a new car?
2 Whom did Philippe invite as well?
3 What does each ticket have printed on it?
4 At what time of day does the daily draw take place?
5 What is the first prize?
6 What kind of cars did the boys like?
7 What was Marie-Claude's preference?
8 What did they decide to do at 12.00?
9 What did Alain wonder?
10 What happened then?
11 Where did they go to make their claim?
12 What exactly had Monsieur Bertillon won?

Conversation

This unit will help you to say whether you like or dislike things: lessons at school, pop groups, food, etc. It will also help you to revise how to order something to eat and drink in a café.

GIVING YOUR OPINION

A *First, study the basic phrases of liking and disliking. Place the following expressions in the correct column. (Use page 10 of the Pupil's book to help you.)*

je déteste, c'est fantastique, j'aime, j'aime un peu, j'adore, je n'aime pas du tout, c'est affreux, j'aime beaucoup, je n'aime pas, c'est horrible, j'aime bien, c'est sensationnel, j'ai horreur de, c'est très bien/bon.

LIKING THINGS			*DISLIKING THINGS*		
Like ✓	*Like a great deal* ✓✓	*Reason*	*Dislike* ✗	*Dislike a great deal* ✗✗	*Reason*
j'aime		*c'est fantastique*		*je déteste*	

The first three are done for you.

B *Now practise these phrases in the following conversations. Read them with a partner filling in the liking and disliking phrases when you come to them. Try to use a variety of expressions, not just the same one every time. The first one has been done for you.*

♡ ? Tu aimes?

(*a*) **Marie** ♡ ? (Tu aimes) Wham?

Marc Non, ✗✗ (je n'aime pas du tout) Wham. Et toi, ♡ ? (tu aimes) King?

Marie Ah oui, ✓✓ (j'adore) King.

(*b*) **Louis** ✓✓ l'anglais et le sport mais ✗ les mathématiques, et toi?

Jean-Luc ✓ les mathématiques mais ✗ l'allemand.

(*c*) **Philippe** ✓ les gâteaux au chocolat et ✓✓ les glaces. ♡ ? les glaces?

Jeanne Oui, ✓ les glaces, mais ✗ les gâteaux.

(*d*) **Michèle** ✓ la bière mais ✓✓ le vin. Et toi, ♡ ? le vin?

Robert ✗✗ le vin rouge mais ✓ le vin blanc.

(*e*) **Marie-Claude** Quels sont tes passetemps favoris?

Laurence ✓ pêcher et ✓✓ regarder la télévision. Et toi?

Marie-Claude ✓✓ écouter les disques mais ✗ jouer au tennis.

(*f*) **Stéphane** ♡ ? habiter à Oxford?

Andrew Oui, ✓ habiter à Oxford, et toi?

Stéphane ✓✓ habiter à Bordeaux.

C *Now you know these phrases, have your own conversation with a partner asking whether they like or dislike the following things:* (*a*) *a certain popgroup;* (*b*) *a school subject;* (*c*) *a particular sport;* (*d*) *a kind of food or drink, giving reasons if you can. Remember to ask the question* **tu aimes?** *to a friend and* **vous aimez?** *to someone you don't know well or to* more than one person.

D *Conduct a survey of the other pupils in your class or in other classes on their views on school and school subjects. Ask each person whether she/he likes a particular aspect of school and how much, and tick the appropriate box (see page 10).*

Copy the table on page 10, adding further items if you wish, and place a tick for each answer.

Tu aimes?	*Oui, je l'aime un peu*	*Oui, je l'aime beaucoup*	*Non, je ne l'aime pas*	*Non, je le déteste*
aller au collège				
porter l'uniforme scolaire				
manger dans la cantine				
le sport				
le français				
la géographie				
les mathématiques				
l'anglais				
les sciences				
ton prof de français (Attention!)				

Then summarise your results like this:
La plupart (*the majority*) aime aller au collège.
La plupart n'aime pas porter l'uniforme scolaire, *etc.*
depending on your results.

AT THE CAFÉ

E *Read this conversation where people are discussing their likes and dislikes in food and drinks at a café.*

Marie-Claude Voici la carte. Qu'est-ce que tu prends, un thé?
Robert Moi, je n'aime pas du tout le thé, je préfère le café, et toi?
Marie-Claude Moi, je prends une grande bière.
Robert En pression ou en bouteille?
Marie-Claude En pression, s'il te plaît, et à manger, un croque-monsieur.
Robert Un croque-monsieur, qu'est-ce que c'est?
Marie-Claude C'est du pain grillé avec du fromage et du jambon.
Robert Moi je prends un sandwich au fromage. Et toi, Paul?
Paul Je voudrais un jus d'orange et une saucisse et des frites. Monsieur!

en pression *draught*	**sirops** *syrup*	**casse-croûte** *snacks*
grillé *toasted*	**diabolo** *syrup mixed with lemonade*	**saucisson** *spiced sausage*
séparément *separately*	**vins cuits** *fortified wine*	**nature** *plain*
citron *lemon*		**garnie** *garnished*
Viandox *meat extract*		

☆ *Now cover up that conversation and see if you can play the parts of the people in the café and remember the French for the food and drink they ordered.*

Le garçon Oui. Qu'est-ce que vous prenez?

Marie-Claude Pour moi  et .

Robert Je voudrais  et .

Paul Je prends  et .

Le garçon Je regrette, nous n'avons pas de 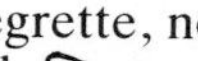, vous préférez une pizza?

Paul Oui, s'il vous plaît .

Plus tard . . .

Paul L'addition, s'il vous plaît.
Le garçon Vous payez séparément?
Paul Oui, c'est combien?

Le garçon  et , ça fait 15 fr 10.

Le garçon  et , ça fait 17 fr 50.

 et , ça fait 26 fr 60.

Robert Le service est compris?
Le garçon Oui, c'est compris.

F *Now make sure that you know all the phrases you will need in the café. Reread the conversation and pick out the expressions that mean the following:*

The bill please.	The menu.	I would like . . .
Is the service included?	I'll have . . .	For me . . .

Here are some phrases the waiter might say. What do they mean?
Qu'est-ce que vous prenez? Vous payez séparément?
Je regrette nous n'avons pas de . . .
Qu'est-ce que vous voulez manger/boire?
You should now be equipped to cope when visiting a café in France.

★ **G** *Make up your own conversation including discussing your likes and dislikes of drinks and snacks and asking for the bill, and act it out. Use the menu on page 12 for some other suggestions of food and drinks to choose.*

H *Finally, try this crossword to do with things in the café.*

Qu'est-ce que vous voulez boire?

Horizontalement
2 Du Kronenbourg?
3 Une EIOLTLUB? (pour contenir les liquides).
8 Un produit de la vache.
9 Une sorte d'eau minérale.
11 Le service est ——?
12 Je voudrais payer. L' —, s'il vous plaît!
15 Un —— d'orangeade.
17 Une —— de café.

Verticalement
1 Un liquide non-alcoolique sans couleur.
4 Le vin rouge ou ——?
5 Une boisson favorite quand il fait froid.
6 Quelqu'un qui travaille dans le café.
7 Un sandwich au ——?
10 Un produit du raisin.
13 Une boisson qui vient de l'Inde ou de la Chine.
14 Devant le café.
16 Une couleur ou une sorte de vin.

Extra Reading

Look at this list of drinks and snacks available from the café and answer the questions below.

Tarif Des Consommations

	Salle	Terrasse
Boissons Chaudes		
Café express	4·50	5·00
Café crème	7·00	8·00
Grande tasse	9·00	10·00
Café décaffeiné	6·50	7·00
— au lait	7·80	8·80
Chocolat	5·00	6·00
Thé	4·50	5·00
Thé au lait	4·80	5·30
— au citron	4·80	5·30
Viandox	5·80	6·80
Boissons Froides Non-Alcoolisées		
Lait	4·00	4·50
Eaux minérales Vichy, Vittel, Perrier	5·30	6·30
Sodas	5·50	6·50
Schweppes	5·50	6·50
Limonade	5·00	6·00
Sirops	4·80	5·30
Diabolo	5·00	6·00
Jus de fruits	7·00	8·00
Coca	8·00	9·00
Citron pressé	7·00	8·00
Orangina	7·50	8·50
Pschitt	7·50	8·50
Boissons Alcoolisées — Demander Notre Liste		
Vin rouge: le verre	4·50	5·00
— rosé: le verre	4·50	5·00
— blanc: le verre	4·50	5·00
Apéritifs: le verre	7·00	8·00
Vins cuits: le verre	7·00	8·00
Pastis	7·00	8·00
Porto	13·50	14·50
Cognac	8·00	9·00
Whisky	13·50	14·50
Bière pression, - demi	6·50	7·50
Bière de luxe	12·00	13·00
Casse-Croûte		
Sandwichs À Toute Heure		
Jambon, fromage, saucisson, pâté		12 fr.
Croque-Monsieur	14 f	
Omelettes		
— nature	14 f	
— garnie	16 f	

1 What is the price of two cups of tea with milk and a cup of black coffee, if served inside the café? How does this change if served outside at a pavement table?
2 Can you tell if the service charge is included?
3 What different kinds of coffee are served at this café?
4 What would you do if you wanted more detailed information about the alcoholic drinks served?
5 What is the difference between the kinds of beer listed?
6 List in English the kinds of sandwiches listed.
7 Why is there a two-franc difference in price between the two varieties of omelette?
8 When can you obtain a sandwich?
9 What would the bill come to if you ordered a glass of orange juice (still), a tonic water, a tea with a slice of lemon, and a freshly-squeezed lemon juice, if you were inside the café?
10 What appears to be the cheapest drink available?

2 Le permis de conduire

1 En France, les conducteurs apprennent à conduire avec une auto-école. Ils passent un examen pour le permis de conduire.

2 Gilles Martin, le frère de Didier, a eu dix-huit ans en juin. Il a pris des leçons avec une auto-école. La semaine dernière il a passé son examen.

3 Il a dû passer deux épreuves. D'abord il a fait l'épreuve audio-visuelle. Il a bien compris le Code de la Route, et il a réussi à cette partie. Il a eu le droit de passer l'épreuve pratique. Il a dû conduire la voiture en ville pendant une demi-heure, accompagné d'un inspecteur.

4 Il a dû s'arrêter au feu rouge au premier carrefour. Quand il a vu le feu vert, il a pu recommencer. L'inspecteur lui a dit: «Tournez à gauche, s'il vous plaît!» Il a pris la grand 'rue à gauche. Il a fallu rouler lentement.

5 Plus tard, l'inspecteur lui a dit: «Allez tout droit et garez la voiture devant la bibliothèque.» Gilles a eu de la chance. Il a trouvé une place sans difficulté.

6 Il a été plus difficile de faire un demi-tour. Un chien idiot a voulu traverser la chaussée.

7 À la fin de l'examen, l'inspecteur a écrit sur une feuille rose. Il a dit à Gilles: «Félicitations, Monsieur. Vous avez réussi!» Il a ouvert la porte pour descendre de la voiture. Gilles a lu la feuille rose. Comme il a été content!

Here is an attempt to tell the story of Gilles's driving test in English, but the writer has made ten factual mistakes. Can you find them, by comparing this English version with the French one you have just read?

In France people learn to drive with a driving school. They take a test for a driving licence.

Gilles Martin, Didier's uncle, was eighteen in July, and took lessons with a driving school. Last month he took his test.

He had to take two parts of the test. First he sat the audio-visual test. He fully understood the Highway Code and so he succeeded in that part. He was then entitled to take the practical test. He had to drive in the town for an hour, accompanied by an examiner.

He had to stop at a red light at the second junction. After moving off when the light changed to green, he was asked by the examiner to turn right. He obeyed, going slowly down the main street.

Later on, the examiner told him to turn right and park the car behind the library. Gilles was lucky because he found a place to park easily.

It was more difficult to do a three-point turn, as a silly dog was trying to cross the road.

At the end of the test, Gilles was given a green sheet of paper which showed that he had passed. The inspector stepped out of the car and then congratulated him on his achievement.

Conversation

In this unit you will be asking the way and understanding directions in the town.

ASKING THE WAY

A *Firstly, do you remember the French for all the places in the town to which you might want to ask the way? Complete the exercise on page 14 by matching up each French word on the left-hand side with one of the symbols on the right-hand side.*

la piscine   la gare

la station-service   le supermarché

la poste   la pharmacie

le syndicat d'initiative   le parking

le restaurant   l'église   la banque

la gare routière   la gendarmerie

la boulangerie

☆ **B** *To ask the way remember there are two phrases, either the very simple:*

Où est . . . . s'il vous plaît?
Or Pour aller

{au / à la / à l' / aux} . . . . , s'il vous plaît?

For **le** *words use* **au**, **la** *words* **à la**, **l'** *words* **à l'**, *and plural* **(les)** *words* **aux:**
Pour aller au parc, s'il vous plaît?
Pour aller à la piscine, s'il vous plaît?
Working in pairs practise asking the way to the following places.

Example:  Pour aller à la gare, s'il vous plaît?

(*a*) (*b*) (*c*) (*d*) (*e*) (*f*) (*g*) (*h*)

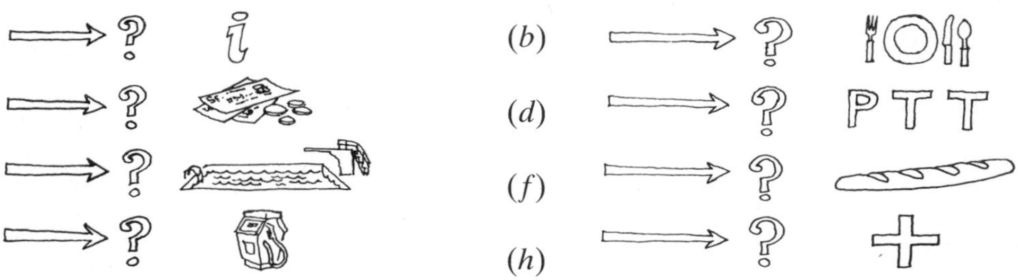

You might not know whether there is in fact a station nearby, so another useful phrase is: **Y a-t-il** une gare **près d'ici**? *Is there a station near here?*

UNDERSTANDING DIRECTIONS

C *Here are the basic directions you are likely to need in the street in France.*

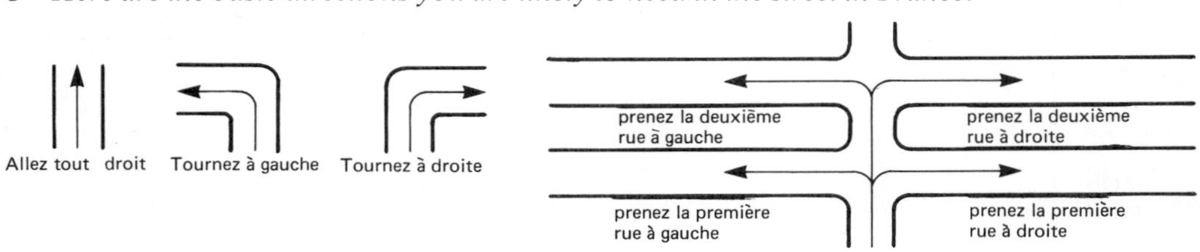

In pairs practise asking your partner whether there are certain places nearby. Your partner will then tell you how to get there, or will perhaps say 'No, I'm sorry': **Non je regrette!**

– Y a-t-il une poste près d'ici? Oui, prenez la première rue à droite.

– Y a-t-il un  près d'ici? ✗ Non je regrette.

Now practise these yourselves.

(*a*) 

(*b*) 

(*c*) 

(*d*) 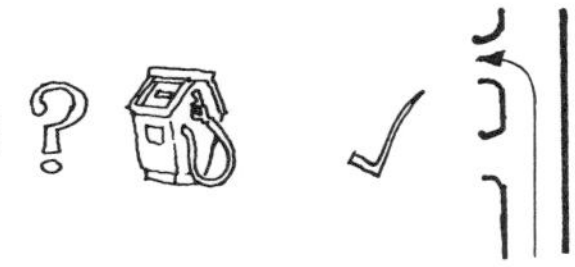

Make up a few extra of your own. You choose what place in the town you want to find out about, and your partner decides whether there is one and how to get there.

Draw a symbol to represent the directions you have been given to show you have understood.

D *Finally, you might need to find out how far away somewhere is.*

– C'est loin d'ici? *Is it far from here?*

Here are some answers you might receive:

– Non, c'est tout près.

– C'est à cinq minutes à pied.  5 mins

– C'est à dix minutes en autobus.  10 mins

– C'est à quatre minutes en voiture.  4 mins

Practise asking your partner whether somewhere is far away and give the following answers:

(*a*)  25mins (*b*)  2mins (*c*)  30mins

(*d*)  15mins (*e*)  4 mins (*f*)  5 mins

Now you are in a position to ask where many places are in the town and to understand a variety of answers.

Make up and act out a conversation asking and giving directions to a number of places in your home town.

Extra Reading

BIEN CIRCULER!

Which advice would you give to each of the road-users in the picture? Some need more than one instruction!

1 Regardez devant vous!
2 Ne circulez pas sur la chaussée avec cet engin!
3 Ne jouez pas au ballon sur le trottoir!
4 Ne faites pas l'acrobate!
5 Ne vous laissez pas distraire par un bruit derrière vous!
6 Circulez à droite!
7 Attention! Un camion peut cacher un autre véhicule!
8 Arrêtez-vous au feu rouge!
9 Ne jouez pas aux billes sur le trottoir!
10 Ne jouez pas aux billes sur la chaussée!
11 Regardez le chauffeur qui vous avertit d'un danger!
12 Attention au chien!
13 Attention au piéton!
14 Ne restez pas au bord du trottoir!

engin *contraption*
ne vous laissez pas distraire *don't be distracted*
cacher *to hide*
un véhicule *vehicle*
billes *marbles*
le chauffeur *driver*
avertit *warns*

(From *La Prévention Routière Jeunesse*, tome 1, Editions de la Préventions Routière.)

3 Incident au garage

La semaine dernière, Monsieur et Madame Bertillon ont passé la soirée chez les Martin. Pendant la soirée on a beaucoup bavardé.

M. Bertillon	Tu as réussi ton permis, Gilles. Toutes mes félicitations.
Gilles	Merci. Je n'ai pas mérité le permis. Je n'ai jamais conduit aussi mal.
Mme Bertillon	Mais si! Tu n'as rien fait d'idiot. Tes leçons de conduite ont coûté cher?
Gilles	Oui, mais pour gagner un peu d'argent, j'ai travaillé comme pompiste au garage Mercier.
M. Bertillion	Chez Mercier? Le mécanicien, Valbois, est excellent, je trouve.
Mme Bertillon	Tu as aidé Monsieur Valbois quelquefois dans l'atelier?
Gilles	Non, je n'ai travaillé là que comme pompiste.
M. Bertillon	Je n'ai jamais vu Valbois incapable de dépanner un automobiliste.
Gilles	Une fois un touriste anglais n'a trouvé personne pour le servir. Il n'a pas voulu attendre. Il a fait le plein lui-même.
M. Bertillon	Et alors? Il n'a pas payé?
Gilles	Ce n'est pas là le problème. Il a pris du diesel et non pas de l'essence! Même Monsieur Valbois n'a pas pu mettre le moteur en marche! Je n'ai jamais vu quelqu'un d'aussi furieux!

Choose the correct alternative from each of these possibilities, based on what you read in the conversation above.

1 They talk about
- A Monsieur Bertillon's work
- B Gilles's work
- C Monsieur Martin's work
- D Madame Bertillon's work

2 Gilles is congratulated by
- A Monsieur Bertillon
- B Monsieur Valbois
- C Madame Bertillon
- D Monsieur Martin

3 Madame Bertillon asks him about
- A the cost of the lessons
- B his weekly wage
- C the make of his car
- D his pocket money

4 Monsieur Bertillon thinks Monsieur Valbois is
- A an excellent driver
- B a poor pump-attendant
- C a good mechanic
- D a reasonable driver

5 Gilles worked as
- A a general assistant
- B an assistant mechanic
- C a driving instructor
- D a petrol-pump attendant

6 The British tourist
- A took petrol without paying
- B posed problems for M. Valbois
- C had a diesel-engined vehicle
- D was called Mercier

Conversation

In this unit you will be buying petrol and obtaining services at a garage.

BUYING PETROL

At French petrol stations there are usually two sorts of petrol:
ordinaire: 2 or 3 star (sometimes just called **essence**, also the word for petrol)
super: 4 star.

A *Here are two scenes in which drivers are buying petrol at a petrol-station.*

1
– Bonjour, monsieur, vous désirez?
– Je voudrais 30 litres de super.
– Voilà, ça fait 95 francs, monsieur.

2
– Bonjour, madame, vous désirez?
– Faites le plein, s'il vous plaît.
– Ordinaire ou super?
– Super, s'il vous plaît.
– Voilà. Ça fait 104 francs 50, s'il vous plaît.
– Merci.

You can either ask the attendant to fill up the tank — **faites le plein**, — or ask for a number of litres. If you are not sure how many litres, then sometimes it's easier to ask for a number of francs worth.

– Je voudrais 100 francs de super.

If you are unsure of litres and gallons, this is how they compare:

LITRES	*GALLONS*
1	0.22
2	0.44
5	1.10
10	2.20
15	3.30
20	4.40
30	6.60
40	8.80
50	11.0

Practise asking for the following amounts and types of petrol:
(*a*) 30l. super
(*b*) plein ordinaire
(*c*) 50 fr super
(*d*) 55l. ordinaire
(*e*) plein super
(*f*) 80 fr ordinaire

☆ **B** *In the following conversation the motorist is not only asking for petrol but buying some things and also having her tyres and oil checked. Read the conversation and pick out the phrases she used to do this.*

– Bonjour, madame.
– Je voudrais de l'essence.
– De l'ordinaire ou du super?
– Du super.
– Combien de litres?
– Vingt litres, s'il vous plaît.
– C'est tout?
– Non, est-ce que vous vendez aussi les cartes et les bonbons?
– Oui, madame. Voici notre petit magasin là-bas.
– Merci. Voulez-vous vérifier les pneus et l'huile, s'il vous plaît?
– Naturellement, madame.

Now answer these questions:
(*a*) How much petrol and of what sort did she buy?
(*b*) What did she ask if they sold?
(*c*) What are the French words for tyres and oil?

How would you ask if they sold the following things?

(*d*) 

(*e*) 

(*f*) 

(*g*) 

Make sure you have written down all the important phrases and learnt them and then play the part of the following **automobiliste**, *expanding on the notes in brackets.*

Pompiste Bonjour. Vous désirez?
Automobiliste (Plein.)
Pompiste Super ou ordinaire?
Automobiliste (Ordinaire, s.v.p. Huile?)
Pompiste Oui naturellement. C'est tout?
Automobiliste (Bonbons? Chips?)
Pompiste Oui, voici notre magasin. Ça fait 95 fr.

COPING WITH A BREAKDOWN

C *How would you cope if your parents' car broke down in France? Here is a phone conversation with a garage:*

– Allô!
– Allô! Notre voiture est en panne.
– Où êtes-vous?
– Sur la Route Nationale 6 près de Bayeux.
– C'est quelle marque de voiture?
– C'est une voiture anglaise — une Rover.
– Où se trouve la voiture exactement?
– C'est à gauche après l'église.
– O.K. On arrive dans une demi-heure.

en panne	*broken down*

(*a*) Where exactly is the car?
(*b*) How soon can the mechanic get there?
☆ (*c*) Make up a conversation saying your car has broken down in the centre of Nice on the Route 202 near the Tourist Office. Say the mechanic will arrive in twenty minutes.
★ (*d*) Make up a conversation on the phone reporting a breakdown. You decide all the details. Here are two more problems you might encounter:

un pneu crevé –  une panne d'essence – 

PAYING

D *At a petrol-station, as in a shop or café, it is very important to understand numbers and prices. Be careful you do not confuse:*

quatre/quatorze/quarante six/seize/soixante, etc.
cinq/quinze/cinquante

The numbers between 70 and 100 are also tricky. Go through these with your teacher if you are unsure of them.

Link up the following items with their correct prices.

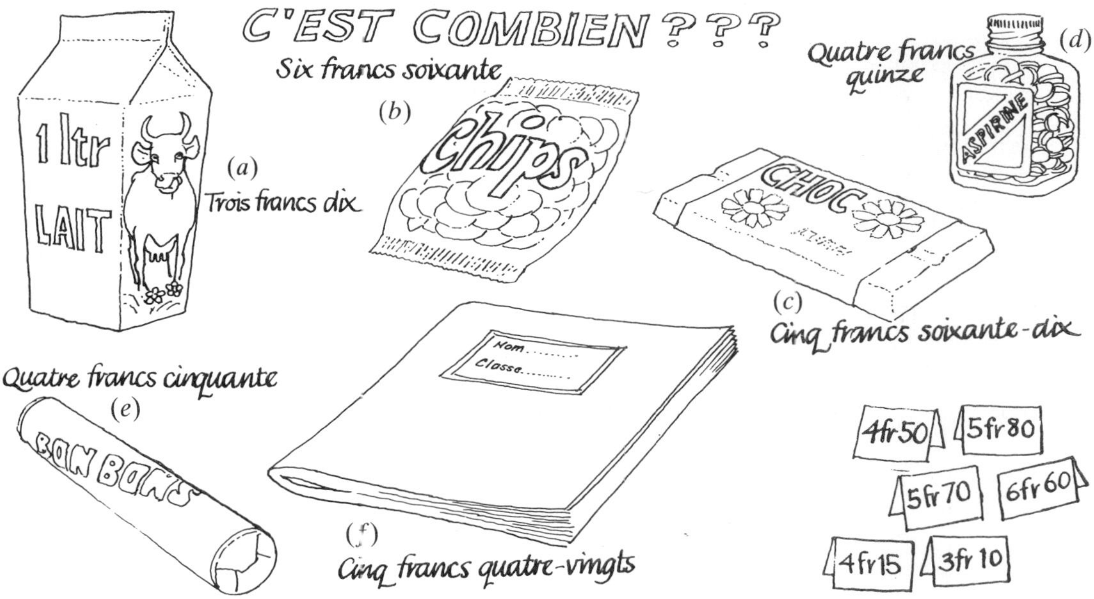

E *What are you being charged here? Copy down these prices and write the sum in numbers.*
Example: cinq francs soixante-dix: *5 fr 70.*

(*a*) treize francs quatre-vingts
(*b*) vingt francs quatre-vingt-dix
(*c*) trente-trois francs quinze
(*d*) vingt-sept francs trente
(*e*) trente-neuf francs soixante-dix-sept
(*f*) onze francs quatre-vingt-cinq
(*g*) six francs cinquante
(*h*) quatorze francs cinq
(*i*) douze francs soixante-quinze
(*j*) huit francs quatre-vingt-cinq

F *Finally, to be sure you'll be in control when using money in France, practise saying the following prices aloud.*

(*a*) 7 fr 35 (*b*) 18 fr 60 (*c*) 30 fr 15 (*d*) 33 fr 80 (*e*) 36 fr 00 (*f*) 5 fr 70
(*g*) 12 fr 10 (*h*) 1 fr 85 (*i*) 4 fr 20 (*j*) 45 fr 05 (*k*) 6 fr 50 (*l*) 10 fr 95.

Extra Reading

Here is Benoît's problem and some suggestions as to how to solve it.

MON PÈRE CONDUIT TROP VITE

Je vais en vacances en Bretagne et c'est très loin de chez moi. Pour que le voyage soit plus court, mon père conduit très vite. Comment faire pour qu'il aille moins vite?

Benoît

Pour que le voyage soit plus court *To make the journey quicker*
Pour qu'il aille *So that he goes*
un caillou *stone*
tu crois *you think*
se passer *happen*
ralentis *slow down*
j'ai mal au cœur *I feel sick*
un mot gentil *a friendly note*
faisait peur *frightened*
consomme *uses up*
risque *risks*
suivre *to conduct*
gâcher *to spoil*
meurent *die*
la moitié *half*

Stéphane

Tours

Si ton père conduit trop vite, tu places un caillou sous la pédale de l'accélérateur; comme ça, ton père ne pourra pas appuyer trop fort dessus.

Etienne

Paris

Solution d'urgence: Quand ton père roule vraiment trop vite et que tu crois qu'il va se passer quelque chose, tu dis: «Papa ralentis vite, j'ai mal au cœur.» Dernière solution: Attends d'avoir le permis de conduire!

Catherine

Marseille

Explique à ton père que s'il roule à grande vitesse, il risque de gâcher ses vacances ou sa vie par un accident stupide.

Eric

Faches-Thumesnil

Mon père aussi roulait vite et cela me faisait peur par moment, alors je lui ai expliqué, avec ma mère, que quand il roule vite il consomme plus d'essence que quand il roule moins vite et qu'il risque beaucoup plus d'accidents. Depuis ce temps-là, il roule moins vite mais ce n'est pas encore parfait.

Hélène

Pont-de-Veyle

Moi, je n'ai pas ce problème parce que notre voiture est trop vieille et on ne peut pas rouler à plus de 80. Mais j'ai peut-être une idée: tu pourrais essayer de suivre une conversation avec ton père et sûrement il va aller moins vite pour pouvoir t'écouter et ne pas rentrer dans un arbre.

Annabel

Pont-Audemer

Voici mon idée: tu prends un papier sur lequel tu écris un mot gentil. Par exemple: «Mon petit papa chéri. Nous pensons tous à toi et t'aimons très fort, alors s'il te plaît, pense à nous aussi et roule moins vite.»
Place le papier sur le tableau de bord de façon à ce qu'il le remarque bien.

Doris

Grenoble

Je pense qu'il faudrait prendre des journaux et lui montrer comment les accidents de la route sont fréquents et très dangereux. Sur tous les gens qui meurent, en France, il y en a au moins la moitié qui meurent dans des accidents de la route.

(From: *Okapi*, no 233, 1–15.8.81)

1 What is the problem that Benoît experiences?
2 Which writer in reply suggests:
(*a*) referring to better petrol consumption?
(*b*) warning of the possibility of having an accident? (three writers!)
(*c*) claiming to feel ill?
(*d*) placing a stone under the accelerator?
(*e*) writing a message?
(*f*) keeping a conversation going?
(*g*) waiting until Benoît is old enough to drive himself?

4 Promenade à la campagne

1 Monsieur Valbois, le mécanicien du garage Mercier, aime beaucoup le dimanche. Pour lui c'est un jour de repos et de calme.

2 Un dimanche de printemps, il a proposé à sa famille de faire une promenade à la campagne. Madame Valbois est allée préparer un grand pique-nique.

3 Ils sont montés dans leur voiture et ils sont partis. Monsieur Valbois a pris les petites routes pour éviter la circulation.

4 A dix heures ils sont arrivés dans un village pittoresque. Ils sont entrés dans la vieille église. Julien a remarqué le tombeau d'un certain Gustave Valbois. «Regardez, il est né en 1810 et il est mort en 1909, à l'âge de 99 ans.» La famille est restée dans l'église pendant une demi-heure, puis les gens sont arrivés pour la messe de dimanche.

5 Les Valbois sont retournés à leur voiture et ils sont repartis. A midi et demi ils ont trouvé un endroit calme et ils sont descendus de voiture. Ils sont entrés dans un champ pour faire les préparatifs pour le repas.

6 Avant le repas les enfants sont allés jouer au football. Pendant le match, Yvette, la jeune fille, est tombée à l'eau. Elle est revenue, couverte de boue!

True or false?

1 Monsieur Valbois always works on Sundays.
2 His family suggested an outing to the countryside.
3 The picnic was prepared by the children.
4 They chose minor roads to avoid the traffic.
5 They left at 10.00 am.
6 They visited an ancient church.
7 They met a 99-year-old man.
8 They stayed in the church for 30 minutes.
9 As they were leaving, worshippers arrived for Mass.
10 While the parents prepared the meal, the children played football.

Conversation

In this unit you will learn how to ask questions in a tourist agency and find out about the French town in which you have arrived. You will also learn the phrases you need to book into a hotel.

FINDING OUT INFORMATION ABOUT A TOWN

A *These are the signs to look out for:*

LE BUREAU de TOURISME

RENSEIGNEMENTS

LE SYNDICAT D'INITIATIVE

Une conversation dans un bureau de tourisme:

Vous Bonjour. Est-ce que vous avez des dépliants sur la région, s'il vous plaît?

Employée Oui, voilà un dépliant et un plan de la ville.

Vous Qu'est-ce qu'il y a d'intéressant à voir dans la région?

Employée Il y a un très beau château avec un grand parc à côté de la place du marché. Il y a aussi un vieux quartier où vous avez beaucoup de vieilles maisons du dix-septième siècle. Le jeudi et le samedi il y a un marché au centre de la ville — c'est un marché de légumes, de fruits, de fleurs, etc. — c'est très intéressant. Il y a aussi des caves où vous pouvez goûter le vin de la région et c'est gratuit!

Vous Merci beaucoup. Le plan et le dépliant sont aussi gratuits?

Employée Non, je regrette, ils coûtent quatre francs.

B *The two important phrases you need to know are:* 'Have you any brochures of the area?' *and* 'What would be interesting to see in the area?' *Find them in the conversation and practise until you are sure of them. What replies might you receive? Here are some examples:*

Il y a | un château, un palais, un vieux quartier, un lac,
un marché, une piscine, des caves, des grottes,
un musée, une église, un camping, une auberge de jeunesse,
beaucoup de magasins, un parc, des montagnes, un camping.

☆ **C** *With a partner practise these conversations at a tourist-office. Take it in turns to be the customer asking the questions and the employee giving the answers.*

LE CLIENT — *L'EMPLOYÉ*

1 *GRANVILLE* . . . . . intéressant??

2 *CHAMBLET* . . . . . intéressant??

3 *BLAUVAC* . . . . . intéressant??

4 *ST FLORENT* . . . . . intéressant??

★ **D** *Now the two imaginary towns of Rougeville and Vertchamp. You and your partner each choose one of these towns and decide which four attractions your town will have. Without letting your partner see, draw the symbols for these attractions, choosing from the places mentioned in the conversation you have practised. Then take it in turns to guess what there is in your partner's town by asking* **«Est-ce qu'il y a (*un musée*) à Rougeville?»** *etc.*
If you are correct draw that symbol. Your partner then has one guess at what is in **your** *town, etc. The winner of the game is whichever of you first correctly guesses all four attractions of Rougeville or Vertchamp.*

★ **E** *Finally, see if you could describe to a French visitor what there is to see in your home region. You might like to try to design a tourist poster in French to attract French-speaking tourists to your part of Britain.*

BOOKING INTO A HOTEL

F *First decide how expensive an hotel you want to stay at — this is indicated by the number of stars* **(étoiles)** *it has. Four stars means luxury, one star means it will be basic but still fairly comfortable. Then decide what kind of room do you want?*

une chambre à une personne

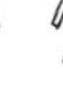

une chambre à deux personnes 

une chambre avec un grand lit 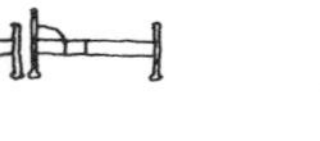

une chambre à deux lits 

une chambre à un lit

What would you like in addition to your room?

une chambre avec W.C. 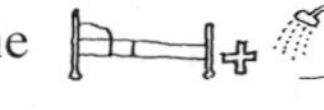

une chambre avec douche 

une chambre avec salle de bains 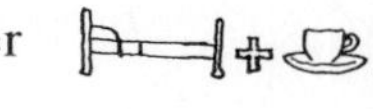

une chambre avec petit déjeuner

How long are you staying?

pour une nuit 

pour une semaine 

pour trois nuits 

pour trois semaines 

How do you find out if certain things are included in the price? Thinking back to what you learnt to say in the café will help here.

le petit déjeuner est compris? 

la taxe est comprise? 

la TVA	*VAT*

G *Une conversation dans un hôtel*

Le client	Bonjour. Je m'appelle M. Brown. J'ai réservé une chambre avec salle de bains pour quatre nuits.
L'employé	M. Brown? Oui . . . très bien. Vous voulez une chambre à deux personnes?
Le client	Oui, s'il vous plaît.
L'employé	À deux lits ou à un grand lit?
Le client	À deux lits, s'il vous plaît. Le petit déjeuner est compris?
L'employé	Oui, monsieur. Petit déjeuner et taxe compris. Vous avez la chambre numéro quinze, au troisième étage. Voici votre clef.

(*a*) Give all the details you can about the room Mr Brown has reserved.
(*b*) How long is he staying?
(*c*) What is included in the price?
(*d*) What room number does he have and what floor is he on?

H *Practise asking for the following kinds of rooms and then read the conversation with your partner filling in the details as necessary.*

(*a*) Je voudrais 

(*b*) Je voudrais 

(*c*) Je voudrais 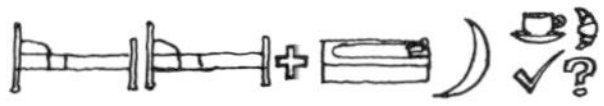

(*d*) Je voudrais 

(*e*) Je voudrais 

Une conversation

L'employée	Bonjour, madame. Vous désirez?
La cliente	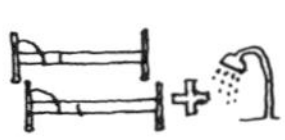
L'employée	Je regrette, madame, nous n'avons pas de chambres avec  Une chambre avec  ça va?
La cliente	Oui, ça va, merci. C'est combien par  ?
L'employée	C'est 70 francs par 
La cliente	Ah merci. Nous allons rester 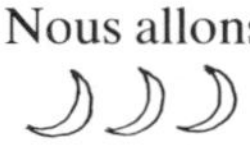 Quel est le numéro de notre chambre?
L'employée	Chambre numéro 35, au 2ème étage.

I *Now you decide what kind of room you would like. Working with a partner act out a conversation at a hotel. Remember the hotel might not have exactly what you want!*

Extra Reading

Martragny, le 19 octobre

Chère Tracey,

Merci de ta lettre. Je suis très heureuse d'avoir une correspondante anglaise. Tu écris très bien le français. Je ne suis pas forte en anglais. J'écris donc en français, moi aussi.

Dans ma première lettre je t'ai donné beaucoup de détails au sujet de ma famille.

Aujourd'hui je vais te décrire un peu mon pays. J'habite le village de Martragny, près de Bayeux, comme tu sais déjà. Bayeux est une ville de 13.500 habitants en Normandie, et notre village est à plusieurs kilomètres vers l'est, près de la route de Caen, la capitale de la région. À Bayeux, il y a la cathédrale, les musées - y compris celui de la tapisserie de la reine Mathilde - et toutes sortes de commerces. Pour les grands magasins il faut aller à Caen où il y a aussi le grand château et les abbayes à voir. On voit pas mal de touristes anglais à Bayeux et à Caen, surtout en été. Il y a aussi des groupes scolaires qui visitent la région. As-tu visité la Normandie, en groupe?

À Martragny, il n'y a pas beaucoup pour les jeunes. Il y a un beau camping dans le parc du château, mais c'est pour les visiteurs. Quelquefois, nous allons à la plage, à 10 kilomètres au nord. On peut regarder les bateaux de pêche et de plaisance à Courseulles-sur-Mer où il y a aussi des parcs à huîtres.

Ah! J'adore les huîtres! Et toi? On dit qu'en Angleterre on mange tout avec la sauce à la menthe. C'est vrai? Cela me paraît une idée abominable.

Et voilà. Moi, j'ai écrit un peu sur ma région. Et toi, vas-tu me décrire le pays autour de chez toi?

Bien amicalement
Sylvie

heureuse *pleased*
décrire *to describe*
pays *local area*
y compris *including*
celui *the one*
la tapisserie *tapestry*
la reine *queen*
il faut *you have to*
les abbayes *abbeys*
pas mal *quite a lot*
plaisance *sailing*
parcs à huîtres *oyster beds*
la menthe *mint*

1 Why is Sylvie writing this letter in French?
2 What information did she give in her first letter?
3 What does she intend to do in this one?
4 In what part of France does she live?
5 Where is Martragny in relation to Bayeux?
6 What is there at Bayeux?
7 For what kind of shopping does one need to go to Caen?
8 What remarks does she make about British visitors?
9 Where is the nearest beach to them?
10 What kinds of boats do they see at Courseulles-sur-Mer?
11 What has she heard about British cooking?
12 What does she ask Tracey to do now?

6 Nos amis, les animaux

1 Deux nouvelles amies de Marie-Claude s'appellent Pascale et Nathalie Moreau. Ce sont des sœurs jumelles. Comme Marie-Claude, elles s'intéressent énormément aux animaux.

2 Par un mercredi de libre, elles ont visité le zoo de Vincennes près de Paris. Elles ont pris le train et le métro pour y arriver.

3 «J'adore les animaux» a dit Pascale. «Moi, aussi,» a ajouté sa sœur. «Je veux être vétérinaire.» Marie-Claude a regardé un éléphant énorme et elle a jeté un morceau de pain vers l'animal. «Ne fais pas cela, c'est interdit,» a dit Pascale.

4 Elles ont regardé une grande variété d'animaux — les ours blancs, les ours bruns, les singes, les tigres, une girafe et un hippopotame.
5 Elles ont vu aussi les chameaux, les lamas et le roi de la jungle, le lion.

6 Dans un bâtiment spécial, elles ont pu voir les perroquets et d'autres oiseaux exotiques.

7 À la fin de la visite elles ont pris des boissons à la buvette. Elles ont bu du coca et des jus de fruits. Dans le bureau, Marie-Claude a acheté deux posters en souvenir de sa visite — un hippopotame pour Philippe, car il a une grande bouche et un air paresseux, et un singe pour Alain — petit, méchant et très bruyant!

Re-arrange this summary of the girls' visit in the correct order, correcting those statements that do not accurately report the outing.

1 They saw camels, lamas and lions next.
2 Pascale said that she wants to become a vet.
3 They went to Vincennes zoo one free Thursday.
4 In a special building they saw birds.
5 Marie-Claude bought posters for her brothers.
6 They travelled there by bus and metro.
7 Marie-Claude went to the zoo with her new friends.
8 They saw polar bears, brown bears, monkeys, tigers, a giraffe and a hippo.
9 They drank cola and fruit-juice.
10 Marie-Claude tried to feed the elephant.

Conversation

In this unit you will learn how to describe yourself and other people, how to say a little about your family and how to find out about someone else when you meet them. Secondly you will learn how to cope on your first evening in a French family.

DESCRIBING YOURSELF AND OTHER PEOPLE

A *Here are some people meeting for the first time in a youth club. What do you learn about them?*

1
Marcel Bonjour. Je m'appelle Marcel. Comment t'appelles-tu?
Dominique Je m'appelle Dominique et j'ai douze ans. Et toi, quel âge as-tu?
Marcel Moi, j'ai quatorze ans. Je vais au collège avec mon frère. Il a quinze ans. Tu as des frères ou des sœurs?
Dominique Moi je suis enfant unique. J'ai seulement un lapin à la maison!
Marcel Tu as de la chance. Moi, je déteste mon frère — il est vraiment bête! J'habite le centre de Bordeaux, et toi, où est-ce que tu habites?
Dominique J'habite un petit village qui s'appelle St Église-les-Bains à 10 km de Bordeaux.

2
Françoise Bonjour, tu es Philippe?
Philippe Oui, et toi, tu es Marie-Pierre?
Françoise Non, je m'appelle Françoise. Marie-Pierre est ma copine. Elle a quatorze ans, moi j'ai quinze ans!
Philippe Ah je vois. Tu vas au collège?
Françoise Oui, au collège près de la gare, et toi?

Philippe Je ne vais plus au collège, je travaille dans un bureau pas loin d'ici. J'ai une sœur qui est mariée qui a vingt-deux ans et elle a un bébé, donc je suis un oncle! Tu as des frères ou des sœurs?

Françoise J'ai un frère. Il est plus jeune que moi, il a neuf ans. J'ai aussi un chat qui s'appelle Lulu. Tu as des animaux?

Philippe Ah, non, c'est interdit dans notre appartement.

☆ **B** *Working in pairs imagine the conversation between the following people. What would they say to find out all about one another? Do not forget you will need to be able to ask questions as well as answer them. If you are not sure you can do this, read through the first two conversations again picking out the question forms used.*

(*a*)

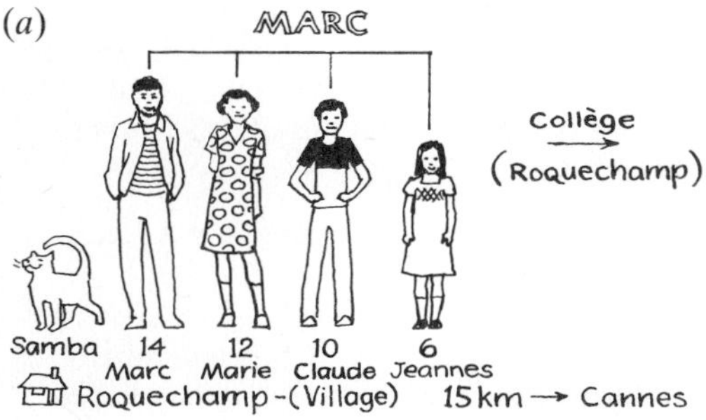

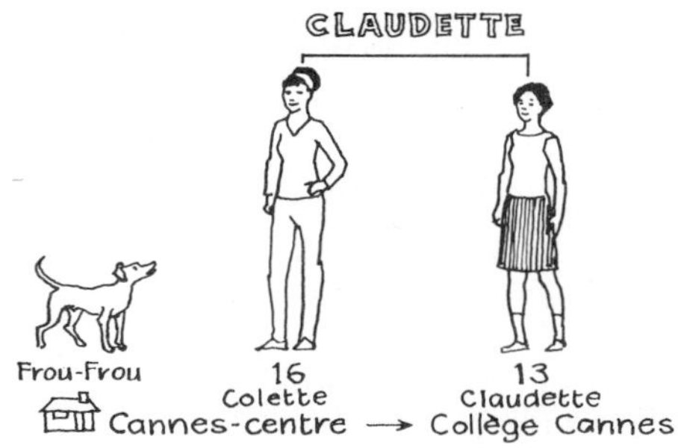

(*b*)

(*c*)

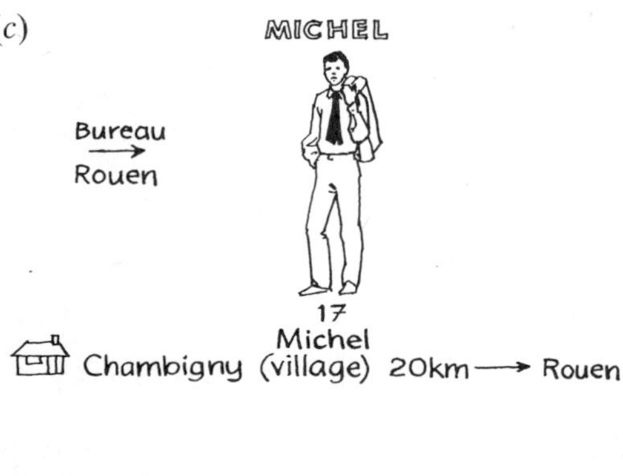

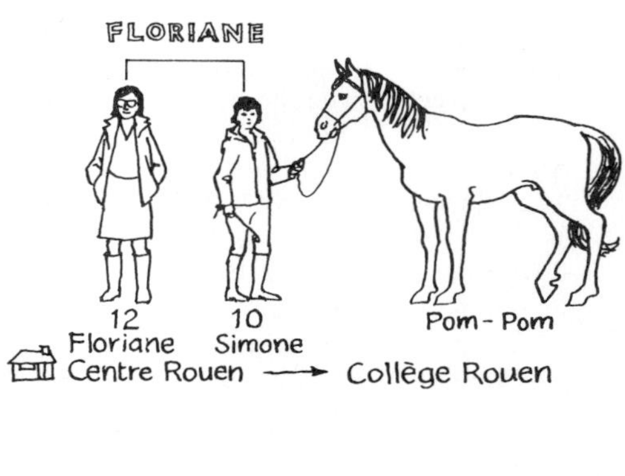

★ **C** *Now describe yourself in a similar way. Work with your partner and find out about each other. Then choose someone else in the class whom you do not know so well and ask them similar questions.*

D *You are going to stay in a French family for the first time but you have never met your penfriend or her family before. How will you recognise each other? Read this telephone conversation where Tracey is discussing with Marie-Louise how they will recognise each other at the Gare du Nord.*

Tracey Bon, moi j'ai les cheveux bruns et courts et les yeux bruns. Je porte des lunettes et je suis assez petite, et toi?

Marie-Louise Moi, je suis petite aussi. J'ai les cheveux longs et frisés. Je ne porte pas de lunettes. Je serai avec mes parents. Ma mère a les cheveux blonds et porte toujours un manteau bleu. Mon père porte d'habitude un chapeau, s'il ne fait pas trop chaud! Moi je porterai un veston bleu, et toi, qu'est-ce que tu portes pour le voyage?

Tracey Je ne sais pas . . . euh . . . je porterai un pantalon noir et un veston rose, et ma valise est très grande!

Marie-Louise D'accord, et le train arrive à huit heures vingt-cinq, n'est-ce pas?

Tracey Oui, c'est vrai.

frisés *curly*

If you were Tracey what kind of people would you be looking out for at the Gare du Nord?

☆ **E** *Working with a partner, imagine you are the following people giving each other descriptions over the phone and saying when you will arrive.*

F *Now with your partner make up your own phone conversation, describing yourself and what you would be likely to wear on a journey.*

ARRIVING IN A FRENCH FAMILY

G *After your careful description, you successfully manage to meet your penfriend when you arrive in France. Now you have to face your first evening with the French family, will you have anything to say? Will you be able to find out about the family's routine? See how Darren copes.*

Mme Foulart Bonsoir Darren. Enchanté de faire ta connaissance. Jean-Paul nous a tant parlé de toi. Comment ça va? Tu as fait un bon voyage? 

Darren Ah oui, j'ai fait un très bon voyage, merci, mais j'ai eu un peu mal de mer. Mais ça va maintenant.

M. Foulart Voici notre maison, Darren . . . le salon, la cuisine, la salle de bains — voici ta serviette  et ton gant de toilette.

Jean-Paul Voici ma chambre et voici ton lit. 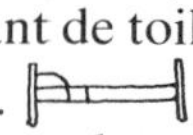 Tu dors dans ma chambre aussi.

Mme Foulart Tu as faim, Darren? Tu voudrais quelque chose à manger?

Darren Quelque chose à manger? . . . Ah oui, je voudrais un sandwich, s'il vous plaît. 

Mme Foulart Un sandwich au fromage, au jambon?

Darren Au fromage, s'il vous plaît, j'aime le fromage français. J'ai un peu soif aussi . . .

Mme Foulart Ah, naturellement, tu voudrais quelque chose à boire. Du thé, du café?

Darren Vous avez du lait? 

Mme Foulart Ah oui, voilà. Tu es très fatigué?
Darren Oui, un peu. A quelle heure vous prenez le petit déjeuner?
Mme Foulart Ça dépend. Pendant les vacances c'est d'habitude vers neuf heures ou neuf heures et demie, mais si tu es fatigué, reste au lit.
Jean-Paul Qu'est-ce que tu veux faire demain — aller voir la ville, aller aux magasins, visiter mes copains?
Mme Foulart Arrête, Jean-Paul, on a le temps!
Darren C'est possible de téléphoner à mes parents, de dire que je suis bien arrivé?
M. Foulart Bien sûr, Darren, voici le téléphone. 

M. et Mme Foulart Bonne nuit Darren, dors bien, ta première nuit en France!

tant	*such a lot*	**gant de toilette**	*face-glove*
serviette	*towel*	**dépend**	*depends*

☆ **H** *Here is Sarah arriving at her penfriend's house for the first time. Read this conversation with a partner, filling in the gaps. Here are some possible words to choose from to fill these gaps:* cadeau, connaissance, dors, lait, quelle, voyage, petit déjeuner, fatiguée, faim, neuf.

Sarah Bonjour, Madame Merlé. Enchanté de faire votre ______.
Mme Merlé Bonjour, Sarah. Tu as fait un bon ______?
Sarah Oui, merci. Quelle jolie maison!
Mme Merlé Oui, nous avons trois chambres. Voici la chambre de Marie-Louise . . .
Sarah À ____ heure vous prenez le ____ ______?
Mme Merlé C'est à ____ heures généralement. Tu as ____ ou soif?
Sarah J'ai un peu soif. Vous avez du thé?
Mme Merlé Oui, naturellement. Au ____ ou au citron?
Sarah Au lait, s'il vous plaît. Voici un ____, pour vous, Madame Merlé.
Mme Merlé Oh, une boîte de chocolats . . . et un livre avec des photos de Londres! Merci beaucoup.
Sarah Je suis un peu ____ maintenant.
Mme Merlé Ah oui, allons au lit . . . Voici la salle de bains et la douche, si tu veux prendre une douche demain. ____ bien!

★ **I** *Working in a group of three or four pupils, act out your own scene of arriving at a penfriend's house and meeting the family.*

(*a*) Include what you learnt at the beginning of this unit about talking about age, brothers and sisters, etc.
(*b*) Say something about your journey.
(*c*) Ask for something to eat or drink.
(*d*) Give the family a present of some kind.
(*e*) Give a short description of the house.
(*f*) Find out what time the family usually has breakfast and what they are planning for tomorrow.
(*g*) Before you all go to bed ask if you can phone home.

Do not forget that you can use **tu** *to your penfriend, but you should address your penfriend's parents as* **vous**.

Now you should be able to cope with your first evening in a French family!

Extra Reading

LE JOURNAL DE MARLON

Marlon is a pony who is able to write a column in 'Poney-Magazine', a monthly publication for horse-lovers!

J'en étais sûr: comme je vous l'avais annoncé le mois dernier, je suis très heureux dans mon nouveau pré. Au début, j'étais un peu perdu, mais comme je ne suis pas très timide . . . .

J'ai fait la connaissance de Nobody, un poney 'New Forest'. Il est beaucoup plus grand que moi, mais, en fait, il est un peu plus jeune; ça me fait tout drôle de lui donner des tas de conseils alors qu'il me dépasse de deux bonnes oreilles!

A part ça, pour l'instant, je n'ai pas vu beaucoup de gens, à part la gentille dame qui, tous les jours, vient me caresser. De temps en temps, elle me donne aussi ces petits carrés blancs qui craquent sous la dent . . . un délice: ça me fait baver partout!

Avec elle, il y aussi un chien bizarre, très long mais avec de toutes petites pattes . . . Un basset, m'a dit Nobody. Je ne l'aime que moyennement car il me poursuit tout le temps pour me mordiller la queue (il est obligé de sauter). Je n'ose pas lui donner de coups de pieds: j'ai un peu peur que la dame me gronde!

annoncé *told*	**tas** *heaps*	**pattes** *paws*	**ose** *dare*
heureux *happy*	**dépasse** *is taller*	**moyennement** *moderately*	**gronde** *scold*
pré *meadow*	**carrés** *squares*	**poursuit** *chases*	
en fait *in fact*	**craquent** *crunch*	**mordiller** *to nibble*	
ça me fait tout drôle *I find it really strange*	**un délice** *treat*	**la queue** *tail*	
	baver *dribble*		

1 When did Marlon tell his readers he had moved into a new paddock?
2 How does he feel about it?
3 How does he describe his character?
4 In what way does Marlon describe Nobody?
5 What does Marlon do to help Nobody?
6 What does he think of the lady who strokes him?
7 What does she sometimes give him?
8 Describe the dog who comes with her.
9 What does the dog try to do?
10 Why does Marlon not react strongly to this?

7 Le correspondant

In order to obtain a penfriend in France by using the CSI service, prepare your answers to these questions.

1 Quel est votre nom de famille?
2 Quel est votre prénom?
3 Que font votre père et votre mère dans la vie?
4 Êtes-vous fille ou garçon?
5 Quel âge avez-vous?
6 Où habitez-vous? (Écrivez votre adresse complète, très lisiblement, avec le code postal)
7 Depuis combien de temps étudiez-vous le français?
8 Est-ce que vous voulez écrire en anglais ou en français? (ou les deux?)
9 Quels sont vos passe-temps?

Arrange your answer in the right format so that they would fit on the form which is printed on page 50 of the Pupil's Book.

Conversation

In this unit you will learn how to talk about your school subjects, your likes and dislikes at school, and also how to have a conversation with a French girl or boy comparing schools in England and France.

TALKING ABOUT SCHOOL

A *Firstly do you still remember the French for all your school subjects? Link up the subjects with the correct symbols.*

la musique *la chimie* *la cuisine*

l'histoire *la géographie* *le plein air*

les mathématiques *le dessin* *l'anglais*

le français *l'allemand* *la biologie*

les travaux manuels

B *Here are some pupils discussing when they have various subjects. With a partner read the conversation and then see if you can complete their timetable on page 31 with their subjects and times.*

Jacques Qu'est-ce que nous avons aujourd'hui? . . . D'abord c'est le français, c'est le premier cours à huit heures et demie.
Robert À deux heures j'ai le plein air et après ça à trois heures l'histoire.
Jacques Moi aussi. Nous avons l'allemand?
Robert Non. Ça, c'est demain. Après le français à neuf heures et demie nous avons la biologie, et puis à onze heures la musique.
Jacques Ah oui, et à quatre heures, c'est les mathématiques — ça alors!

		11h La Musique			

C *Imagine you are visiting a French school with your French penfriend. He or she is explaining to you what lessons you will see and when.*

Working in pairs, pupil A is the French penfriend who has a list of the five lessons that will take place and the times. This information must be passed onto pupil B in French, who plays the part of the English visitor and notes down the information she/he is given in English. Finally compare notes to see if the information has been passed on accurately.

D *What subjects are the following pupils describing?*

Alain J'aime bien parler mais je n'aime pas écrire. Le livre s'appelle *Kinder in Deutschland*.

Jean-Luc Quelle est la date de la Révolution Française?
Claudette Mil sept cent quatre-vingt-neuf, naturellement!

Dominique C'est le volley aujourd'hui?
Mireille Non c'est l'athlétisme.

J'espère	*I hope*

Marcelle Tu fais un gâteau aujourd'hui?
Philippe Non. Moi je fais une tarte aux pommes!

Nadine Qu'est-ce qu'on fait aujourd'hui?
Floriane C'est une expérience avec de l'acide sulfurique. J'espère que ce n'est pas dangereux!

E *Here are some French pupils giving their opinions on some school subjects and on some of their teachers. Read these conversations with a partner and then complete the grids by ticking the correct boxes to show what their views are.*

1

la trompette	*trumpet*
sympa	*nice*

Pascal Tu aimes faire la cuisine?
Julien Oui, j'adore ça.
Pascal Pourquoi?
Julien Parce que je suis très gourmand et j'aime manger ce que je prépare.
Pascal Moi, j'aime aussi les travaux manuels mais ce que je préfère c'est la musique.
Julien Ah oui, toi, tu joues de la trompette, moi, je déteste la musique, — c'est difficile et c'est ennuyeux! Je n'aime pas la musique classique. Ma matière préférée, c'est la biologie. C'est vraiment intéressant et le prof est très sympa.
Pascal Oui, c'est vrai. La biologie ça va, mais je suis faible en bio quand même.

	JULIEN			PASCAL		
				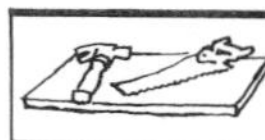		
Likes very much ✓✓✓	✓					
Likes quite a lot ✓✓						
It's OK ✓						
Does not like very much X						
Really hates X X						

2

Martine Oh, c'est l'anglais aujourd'hui. Je n'aime pas ça. J'oublie tout.
Laurence Je trouve l'anglais assez bien mais je préfère l'allemand. C'est plus facile. Je suis forte en allemand.
Martine Moi, je déteste le français. Le professeur est vraiment sévère et il me donne toujours de mauvaises notes. Ma matière préférée c'est le plein air. Il n'y a pas de devoirs!
Laurence Oui, le plein air ça va.

	MARTINE			LAURENCE		
	Good morning	Guten Tag		Good morning	Guten Tag	
Likes very much ✓✓✓		✓				
Likes quite a lot ✓✓						
It's OK ✓						
Does not like very much ✗						
Really hates ✗✗						

F *In the previous two conversations, as well as saying what they liked and disliked, the pupils gave reasons for their feelings. Place a tick under the person's name in the correct place if they gave any of these reasons for their likes and dislikes. One has been done for you.*

	Pascal	*Julien*	*Martine*	*Laurence*
It's boring				
There's no homework				
It's really interesting				
I'm good at it				
I forget everything				
The teacher's nice				
I'm weak at it				
The teacher's strict				
It's easier				
I'm greedy		✓		
The teacher always gives me bad marks				
It's difficult.				

☆ **G** *Working in pairs, play the rôle of the following pupils describing what they like and dislike in school and each time make up a reason for these opinions.*

Example: (*a*) SANDRINE

J'aime bien la musique parce que c'est intéressant.  ✓✓

Je n'aime pas l'histoire, c'est un peu ennuyeux. 1066 1789 ✗

Ma matière préférée, ce sont les mathématiques, le professeur est vraiment sympa. 12+13 = 25 ✓✓✓

(*b*) PAUL 

(*c*) COLETTE 

(*d*) ROBERT 

(*e*) SYLVIE 

★ **H** *Conduct a survey of the members of your class about what subjects they like and dislike. Use questions like:*

Quelles matières est-ce que tu aimes/n'aimes pas? Pourquoi?

Report back to the class what your findings were. With your teacher work out a way of showing your results in chart-form to display on the wall.

I *Finally, would you be able to talk to a French pupil and find out the differences between French and British schools?*

Read this conversation between Gilles and Sarah and then think about what it tells you about French schools.

Gilles Moi, j'arrive au collège à huit heures moins dix et les cours commencent à huit heures, et toi?

Sarah Moi, j'arrive au collège à neuf heures moins vingt mais les cours commencent seulement à neuf heures et quart. Il y a «l'assemblée» d'abord.

Gilles En Angleterre vous portez un uniforme scolaire, n'est-ce pas?

Sarah Oui, notre uniforme est bleu et blanc et les garçons portent une cravate, et en France?

Gilles Nous n'avons pas d'uniforme. Moi, je porte mon jeans quand je vais au collège.

Sarah Tu as de la chance! Moi, je n'aime pas l'uniforme scolaire. Nous avons quatre cours par jour et les classes finissent à quatre heures moins le quart.

Gilles J'ai cinq ou six cours par jour et quelquefois je finis à cinq heures et quart. J'ai aussi cours le samedi matin!

Sarah Ça alors! Mais tu es libre le mercredi, n'est-ce pas?

Gilles Oui, mais le mercredi après-midi seulement. Quelles matières est-ce que tu fais?

Sarah J'ai les mathématiques, l'anglais, le français, l'allemand, le plein air, la cuisine, la science, l'histoire, la géographie, le dessin, et la religion. Quelles matières as-tu?

Gilles Moi je ne fais pas d'éducation religieuse mais je fais l'éducation physique et la biologie.

★ **J** *With your partner practise asking and giving answers to the following questions about school. When you have practised them thoroughly you will be well prepared for a conversation with a French pupil about many aspects of school life.*

1 Tu arrives à l'école à quelle heure?
2 Les cours commencent à quelle heure?
3 Tu as quelles matières?
4 Quelles matières est-ce que tu préfères et pourquoi?
5 Quelles matières est-ce que tu détestes et pourquoi?
6 Quelle est ta matière préférée au collège?
7 Est-ce que tu manges au collège?
8 L'école finit à quelle heure?
9 Tu portes un uniforme scolaire? Si oui, de quelle couleur?
10 Tu es fort(e) ou faible en français? Est-ce que ton professeur est sympathique?!

Extra Reading

Here are the details of an art competition which appeared in a local newsheet in Lyon. Read the instructions for the competition carefully and answer the questions below.

L'HUMOUR ET LA SANTÉ: DES DESSINS À FAIRE. DES PRIX À GAGNER.

Règlement du concours

Article 1: ce concours est ouvert à tous les habitants de la commune de Lyon.

Article 2: le jeu est ouvert le 4 décembre et sera clos le 15 janvier.

Article 3: pour participer au concours, il suffit d'envoyer un dessin humoristique de format 21 × 29,7 ayant pour thème général "la santé".

Les dessins seront à envoyer au journal *Vivre à Lyon*, "concours l'humour et la santé", Hôtel-de-Ville, B.P. 1065, 69205 Lyon Cedex 01.

Article 4: les dessins parvenus au journal *Vivre à Lyon* seront répartis en trois catégories:

– catégorie I pour les élèves qui poursuivent actuellement des études primaires.
– catégorie II pour les élèves du secondaire.
– catégorie III pour le reste de la population.

Un jury composé de dessinateurs humoristiques et de représentants des professions de santé sélectionnera les cinq meilleurs dessins de chaque catégorie.

Article 5: les gagnants seront avisés personnellement par courrier, et le résultat du concours paraîtra dans *Vivre à Lyon*.

Article 6: les dessins ayant concouru seront exposés du 20 janvier au 3 février à l'exposition "L'homme transparent".

(From: *Vivre à Lyon*, no. 73, décembre 1984)

habitants *inhabitants*
la commune *municipal district*
un dessin humoristique *amusing drawing*
ayant *having*
poursuivent *are following*
études *studies*
meilleurs *best*
les gagnants *winners*
seront avisés *will be informed*
courrier *post*
Vivre à Lyon *local newsheet in Lyon*

1 Who can enter for the competition?
2 What is the significance of 4th December?
3 Give full details of the form the competition entries must take.
4 Set out the competition address as if it were to go on an envelope.
5 What are the three groups of entries?
6 What must you do to ensure that your entry is placed in the right group? (NB The instructions for this are not given!)
7 How many winners will be selected altogether?
8 How will the winners find out the results?
9 How will those who do not win find out?
10 What will happen to the competition entries?
11 Pretend that you are entering the competition. Follow the instructions given, deciding on a suitable address, and ask your teacher to be the judge!

8 Le Dossier Duvivier

1 Pierre Duvivier, l'oncle des enfants Bertillon, est reporter à la télévision. Il allait préparer une série de programmes dans laquelle il pouvait choisir ses sujets.

2 Pendant qu'il rentrait chez lui, il a rencontré sa sœur Annette dans la rue. «Ça va, Annette?» lui a-t-il demandé pendant qu'il l'embrassait sur les deux joues. «Oui, oui, tout va bien. Et toi, ça va toujours bien la télé?»

3 «Oh oui. Et une excellente nouvelle! J'ai une nouvelle série spéciale.»

«Félicitations! C'est à quel sujet?»

«Je ne sais pas encore. C'est moi qui choisis. Et chez toi alors, tout le monde va bien?»

4 «Oui, mais les enfants! Ils s'intéressent à tout, ils veulent sortir jouer avec les amis. On ne sait jamais où ils sont. Ah, les jeunes!»

«Ah, les jeunes! — mais voilà une idée formidable pour la série. Je vais faire un reportage sur les jeunes avec des sondages et des interviews. Merci, Annette. Tu es vraiment une source d'inspiration, comme toujours!»

1 What is Pierre Duvivier's connection with the Bertillon family?
2 What does he do for a living?
3 What do we know about his new project?
4 When and where did he meet Annette?
5 What was her reaction to his news?
6 What decision had he come to about his plans?
7 What complaint did Annette make about her children?
8 How did Pierre turn this to good advantage?
9 How did his plans alter because of this decision?

Conversation

In this unit you will learn how to answer questions about how you are, how to discuss your symptoms if you are not feeling well and how to gain some basic medical help.

SAYING HOW YOU ARE

A *Look at the following conversation.*

1

Roger	Bonjour, Catherine, ça va?
Catherine	Oui, ça va très bien, merci! Et toi, ça va bien?
Roger	Oh, pas trop mal. . .

2

Simone	Bonjour, madame, comment allez-vous?
Mme Poulon	Ça va, ça va. Et ta mère, comment va-t-elle?
Simone	Très bien, merci.

What about if you are not feeling so well, however? Here are some possibilities:

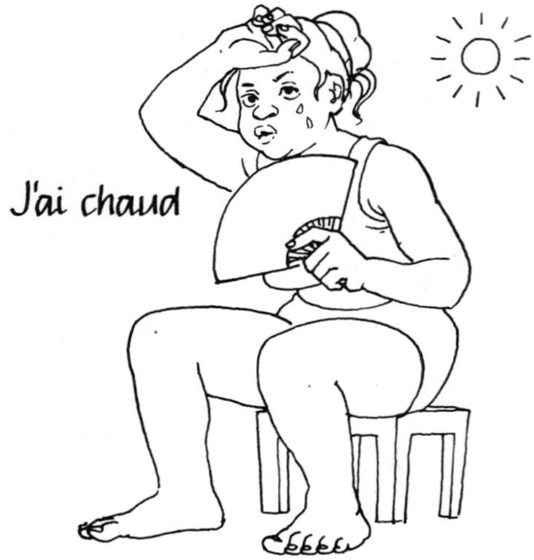

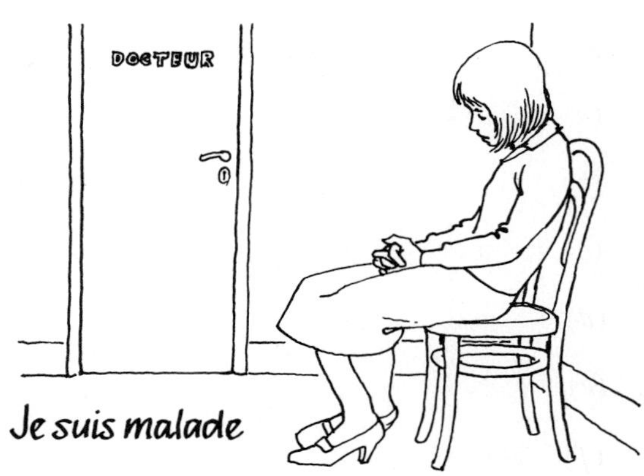

la fièvre *fever*
un rhume *cold*

B *When you go to the chemist's or the doctor's you need to be able to describe your symptoms more exactly. Firstly, do you remember all the parts of the body? Complete these labels.*

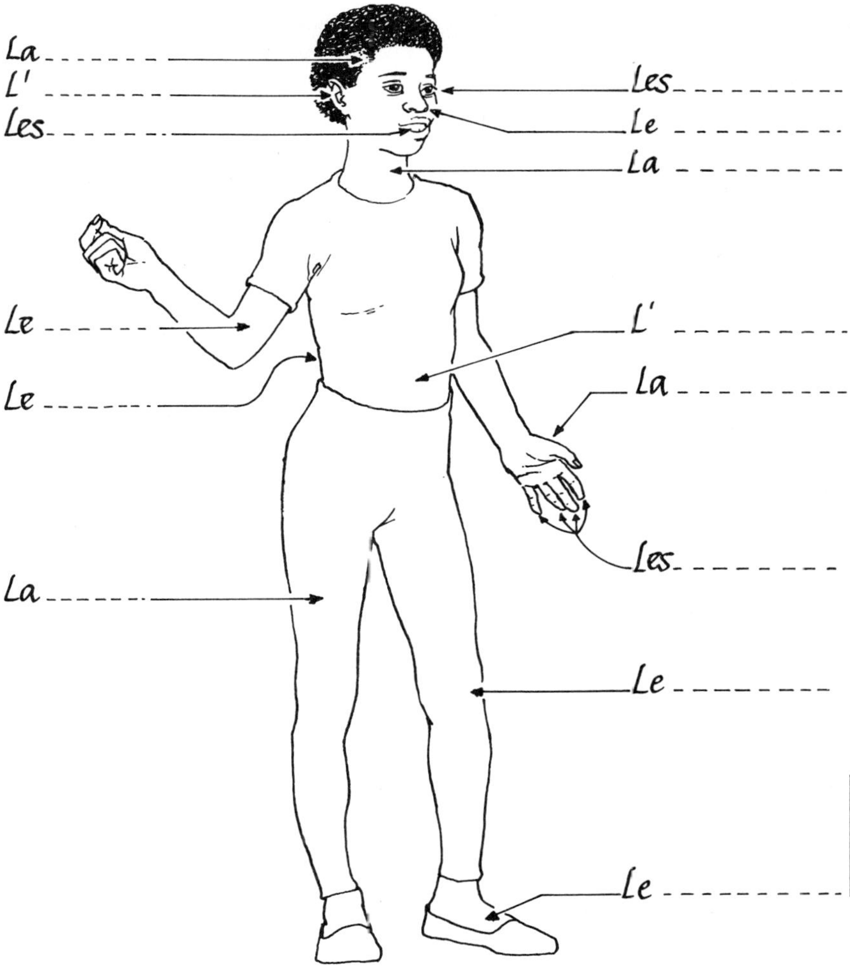

estomac *stomach*
doigt *finger*
genou *knee*
nez *nose*
dos *back*

Choose from the following: pied, tête, oreille, dents, jambe, bras, estomac/ventre, gorge, main, doigt, genou, nez, yeux, dos.

C **Je suis malade.** *Where is the pain? Match up these phrases with the correct drawing.*

(*a*) J'ai mai à la tête.

(*b*) J'ai mal au bras.

(*c*) J'ai mal à la jambe.

(*d*) J'ai mal aux dents.

(*e*) J'ai mal à l'oreille.

(*f*) J'ai mal au pied.

Can you work out the pattern? When do you use **à la, au, aux, à l'?**

☆ (*g*) Read this conversation filling in the gaps when you come to the various symptoms.

Claude Ça va, Philippe?

Philippe Non ça ne va pas.  et 

et  . Je suis vraiment malade! Et toi?

Claude Moi,  . Je vais chez le dentiste aujourd'hui,

mais aussi  et  .

J'ai eu un accident au football.

Philippe Ça alors!

TALKING TO THE CHEMIST

D *Here are some of the things you might need to buy at the chemist's:*

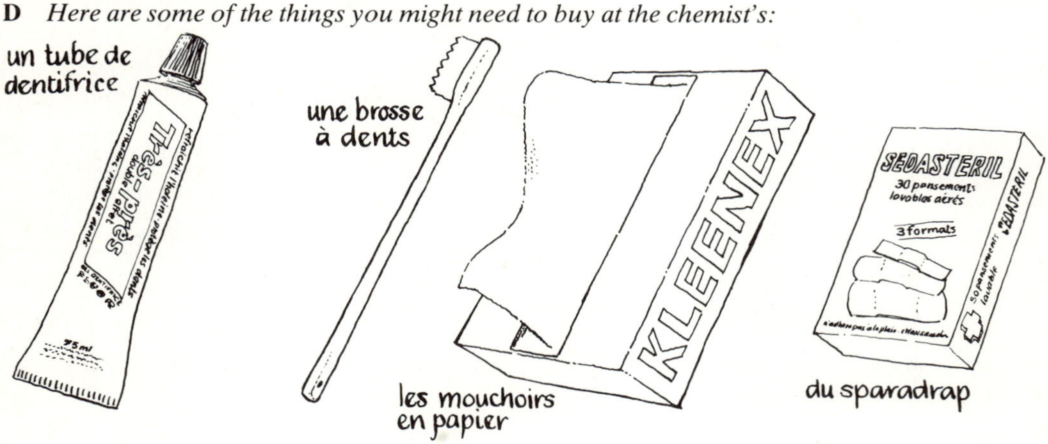

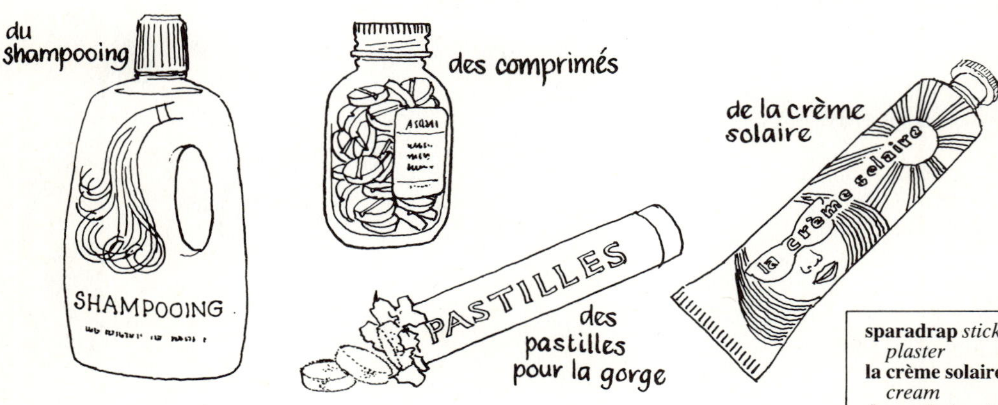

sparadrap *sticking-plaster*
la crème solaire *sun cream*
des cachets *tablets*

1 **Le client** Bonjour, monsieur. Je voudrais des cachets d'aspirine, s'il vous plaît.
Le pharmacien Oui, voilà. C'est tout?
Le client Non, j'ai mal au ventre, j'ai de la diarrhée. Vous avez quelque chose pour ça?
Le pharmacien Oui, j'ai des comprimés contre la diarrhée, voilà. Ça fait vingt-cinq francs en tout.

2 **La cliente** Bonjour, madame. J'ai un rhume. J'ai mal à la tête et à la gorge. Qu'est-ce que vous avez?
La pharmacienne Voilà des aspirines et des pastilles pour la gorge. Vous voulez des mouchoirs pour le rhume?
La cliente Oui s'il vous plaît . . . Merci. Ça fait combien?
La pharmacienne Ça fait vingt-neuf francs dix en tout.

Can you list what the two customers had wrong with them and what they bought to cope with their symptoms?

E *With a partner playing the part of the chemist, imagine you have all or some of the following symptoms. The chemist must decide what should be offered to the customer and how much it will cost. If the case seems too serious, tell them to go and see the doctor!* **Allez voir le médecin!** *Act out the conversation which might have taken place at the chemist's.*

(*a*) mal à tête, un rhume, piqûres d'insectes.
(*b*) mal à l'estomac, la diarrhée, mal au genou.
(*c*) mal aux dents, mal à l'oreille, froid, fièvre.

piqûres	*bites*

F *The final thing you will need to understand is how many tablets you have been prescribed and how often you should take them.*

Prenez trois comprimés, deux fois par jour. 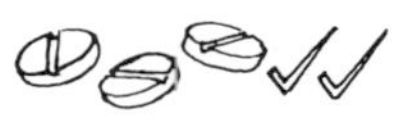

Prenez une aspirine, trois fois par jour. 

Prenez deux pastilles, après tous les repas. 

Now it's your turn. Practise giving the following instructions:

(*a*)  (*b*)  (*c*)  (*d*) 

G *Now you are well-equipped to feel ill when you go to France. Working with a partner make up and act out two conversations, one where you discuss all your aches and pains with a friend and the other where you go to the chemist's and buy what you need.*

Extra Reading

This is an extract from a pamphlet which gives advice to teenagers who are making their option choices in school. It advises them to ask various people for their opinions before making decisions, as these can affect their possible chances of following later courses of study or entering the careers in which they are interested.

QUI PEUT VOUS AIDER À Y VOIR CLAIR?

Vos parents sont vos plus proches conseillers: ils connaissent bien vos qualités ou vos insuffisances, ils ont leur propre expérience professionnelle. Faites-leur lire cette brochure, exprimez vos idées, parlez avec eux de votre avenir.

Parlez également de ce sujet avec **vos amis**: ils peuvent avoir des points de vue qui complètent les vôtres.

Vos professeurs et, en particulier votre professeur principal, vont vous aider à définir le style d'études qui peut vous convenir. Leurs conseils seront précieux.

Le conseiller d'orientation connaît les problèmes psychologiques, les problèmes de l'organisation scolaire, ceux de l'emploi, les données économiques. Vous pouvez le consulter soit à sa permanence dans votre établissement, soit au centre d'information et d'orientation (C.I.O.) de votre district.

Dans votre établissement il y a en général un **centre de documentation et d'information (C.D.I.).** De nombreux documents y sont mis à votre disposition et en particulier les publications de l'ONISEP.

Si des **«journées-métiers»**, des visites d'entreprises, des conférences, des «foires aux carrières» sont organisées par votre collège, participez-y et profitez-en pour poser les questions qui vous tiennent à cœur.

Parlez aussi des métiers que vous envisagez d'apprendre à **un médecin** (car pour certains métiers il y a des contre-indications).

Vous devez poser des questions à des **«professionnels»**. Ils parlent très souvent avec beaucoup de compétence de leur métier.

(From *Après la classe de troisième*, ONISEP, 1982)

Place these English statements in the same order as their French equivalents.

1 Many documents are available for you to refer to.
2 Your friends may have opinions which confirm your own.
3 Also talk to a doctor about jobs you are aiming for.
4 Your teachers' advice is valuable.
5 Go to careers conventions, and use the opportunity to ask questions which concern you.
6 You can go to the careers and guidance counsellor in your school or in his local office.
7 Get your parents to read this pamphlet, tell them your ideas and speak to them about your future.
8 You must also ask questions to people already involved in the job.

proches *close*
conseillers *advisers*
insuffisances *inadequacies*
propre *own*
exprimez *express*
eux *them*
définir *point out*
études *studies*
précieux *valuable*
orientation *guidance*
l'emploi *employment*
les données économiques *economic facts*
soit à/soit au *either at/or at*
à sa permanence *in his office*
établissement *school institution*
à votre disposition *at your disposal*
entreprises *firms*
des conférences *lectures*
foires aux carrières *careers conventions*
qui vous tiennent à cœur *which really concern you*
envisagez *are considering*
me promener à cheval *to go horse-riding*

9 Reportage sur les jeunes

1 Pierre Duvivier a discuté de son projet avec Hervé. Ils ont décidé de faire un sondage parmi les jeunes de Villeneuve. Les questions principales du sondage étaient:
«Qu'est-ce qui t'intéresse?»
«Que fais-tu pendant ton temps libre?»

2 Pierre est d'abord allé chez les Bertillon. Il leur a expliqué ses projets et leur a demandé leurs opinions. Il était content de rendre visite aux Bertillon. Les enfants étaient contents d'accueillir l'oncle préféré de Marie-Claude. Il était célibataire, beau et charmant. Il avait 34 ans.

3 «Écoutez, les enfants,» a-t-il dit à Philippe et à Marie-Claude après le diner, «il faut me dire franchement si, oui ou non, vous êtes d'accord pour le projet.»

«Mais oui, bien sûr,» ont-ils répondu. «C'est une excellente idée.»

«Bon. Invitez vos amis à participer au sondage. Vous allez leur donner une fiche au sujet de leurs loisirs. Alors ils vont remplir la fiche. Je vais choisir quelques-uns qui vont participer dans le programme télévisé. Il faut demander la permission à leurs parents, bien sûr.»

4 Le lendemain, Philippe et Marie-Claude ont demandé à leurs amis au collège: «Veux-tu parler de tes loisirs à la télé? Veux-tu remplir cette fiche d'abord?»

«Chouette . . . C'est génial . . . Super . . . Formidable!» ont répondu les amis. Tout le monde était d'accord. Ils ont rempli les fiches ce soir-là à la maison.

Answer these questions in English.

1. With whom did Pierre discuss his idea first?
2. Who were to be the subject of his survey?
3. What were the main questions they would ask?
4. To whose house did Pierre go?
5. What was the reaction of the children to his visit?
6. Give three characteristics of Pierre, apart from his age.
7. When did his visit take place?
8. How did he propose to carry out the survey?
9. Who would decide which people would appear in the programme?
10. Why did he mention parents?
11. When and where did the children ask their friends?
12. When and where would their friends complete the forms?

Conversation

In this unit you will be talking about how you spend your free time.

YOUR HOBBIES

A *First make sure that you know the basic phrases for the most common hobbies and pastimes.*

J'aime la natation.

J'aime lire des magazines et des livres.

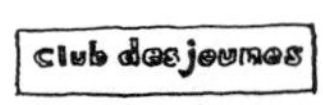

J'aime aller au club des jeunes.

J'aime me promener à cheval.

J'aime collectionner des timbres. (des cartes postales, etc)

J'aime faire du sport.

Quand tu as du temps libre, que fais-tu?

J'aime aller à la disco.

J'aime écouter la musique pop.

J'aime sortir avec les copains/copines.

J'aime regarder la télévision.

J'aime pêcher.

J'aime aller au cinéma.

If you have a very unusual hobby such as pigeon-fancying, please ask your teacher for the French equivalent!

B *With a partner, practise reading the following dialogues and then write down in English what each person likes and dislikes doing.*

1

Jean-Michel Tu aimes faire du sport?
Claude Oui, j'aime le foot et la natation, mais je déteste l'athlétisme, et toi? Quel est ton passetemps favori?
Jean-Michel J'aime aller au cinéma ou sortir avec mes copains, mais je ne n'aime pas du tout le sport.

3

Philippe J'aime beaucoup regarder les vidéos à la maison et collectionner les timbres, et toi, Colette?
Colette Moi, je n'aime pas rester à la maison. Je préfère sortir avec mes copines ou faire du sport, par exemple, le tennis ou le basket.

2

Marie Qu'est-ce que tu fais pendant ton temps libre, Robert?
Robert Moi? J'aime écouter la musique — la musique pop bien sûr — et aller au cinéma. J'aime pêcher et aussi aller au club de jeunes, mais la disco ne m'intéresse pas. Tu aimes danser?
Marie Non, pas beaucoup. J'ai un cheval et j'adore me promener à cheval avec ma copine. J'aime aussi lire des magazines.

C *Now see if you can remember these phrases yourself. Cover up A and B above, and imagine that you are each of the following people describing what they like and don't like doing in their spare time. Do not forget to use the phrases from Unit 1 to help you, such as:*

j'aime ✓ j'aime beaucoup ✓✓ je déteste ✗✗

Philippe | **Claudette** | **Henri** | **Michel**

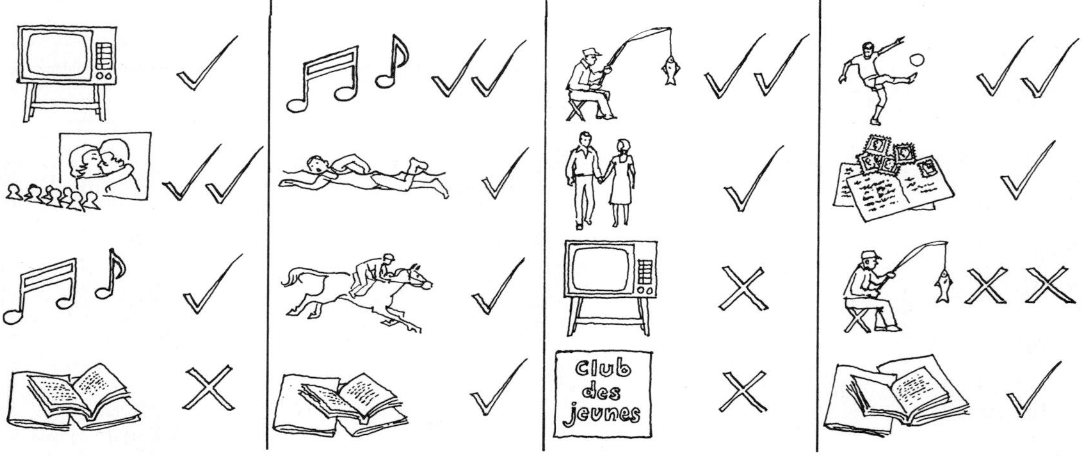

☆ **D** *With a partner, see if you can read this conversation, filling in the gaps with the appropriate phrases. (Try not to look back to Section* **A**!*)*

Lucien Bonjour, Raymond. Tu veux aller au cinéma avec moi ce soir? Il y a le film *La Guerre des Étoiles*.

Raymond Ah non, ✗ cinéma, ✓✓ télévision

et . Tu veux aller au stade?

Lucien ✗  mais ✓ . Aujourd'hui, je vais chez Marianne. Elle a un . Tu veux venir aussi?

Raymond Ah non! Marianne ✓  et ✓✓ , c'est ennuyeux!

Lucien C'est toi qui es ennuyeux, toujours la !

Here is how to talk about two pastimes in more detail: music and television.

LA MUSIQUE

E *With a partner read these conversations discussing the sort of music people like.*

1 **Jean-Luc** Quelle sorte de musique préfères-tu, la musique pop, la musique classique ou peut-être le jazz?

Pascal Moi, j'aime la musique classique et la musique pop. J'aime bien les symphonies de Mozart, mais j'achète aussi tous les disques de Duran Duran et de Paul Young.

Jean-Luc Oui, mais les disques sont très chers. Tu as un tourne-disques?

Pascal Oui, mais il est très vieux, et il est dans ma chambre parce que mes parents n'aiment pas beaucoup la sorte de musique que je préfère.

2 **Sylvie** Tu aimes la musique pop?

Robert Naturellement, mais je joue de la clarinette; alors, je joue aussi de la musique classique. Nous avons un orchèstre au collège. Tu joues d'un instrument?

Sylvie Je joue un peu de la guitare, mais pas très bien. Je suis allée à un concert de Status Quo samedi dernier, c'était sensationnel! Quel est ton groupe favori?

Robert Mon groupe favori, c'est Dire Straits, mais ma chanson favorite, c'est «Help» des Beatles. Tu aimes chanter?

Sylvie Oui, beaucoup. Je chante dans le chœur au collège.

le chœur	*choir*

Remember that when you talk about playing musical instruments, use jouer **de** (jouer **à** *with sports).*

Example: je joue de la guitare
je joue du violon (*a le word*)

Practise saying what instrument each of the following people plays.

(*a*) **Alain**

le piano

(*b*) **Colette**

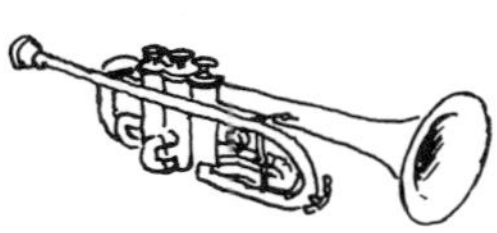

la trompette

(*c*) **Paul**

la batterie

(*d*) **Natalie**

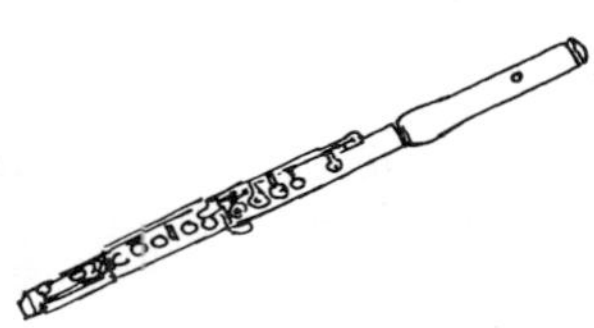

la flûte

F *Imagine that you are being interviewed about your taste in music. Working with a partner, ask each other the following questions:*

(*a*) Tu préfères la musique pop ou la musique classique?
(*b*) Quel est ton groupe favori?
(*c*) Quel chanteur ou quelle chanteuse est-ce que tu préfères?
(*d*) Quelle est ta chanson préférée?
(*e*) Tu achètes souvent les disques? (J'achète/Je n'achète pas . . .) Combien est-ce qu'ils coûtent?
(*f*) Tu aimes chanter au collège?
(*g*) Tu joues d'un instrument? Quel instrument?
(*h*) Quel groupe ou chanteur est-ce que tu détestes?
(*i*) Tu connais (*know*) un chanteur français?

chanteuse *female singer*
chanson *song*

Do not forget to practise the questions as well as your answers, so that you will be able to have fluent conversation about music when you go to France!

LA TÉLÉVISION

G *Read the following conversation discussing television programmes and pick out the French for the following:*

cartoon films	news	programme (2 words)
adverts	western	weather forecast
record programme	horror films	serial

Pierre Qu'est-ce que nous regardons à la télé ce soir?
M. Legros À huit heures et quart il y a une émission intéressante au sujet de la famine en Afrique.
Pierre Ah non, il y a un match sur Antenne 2, entre la France et l'Allemagne!
M. Legros Attends! Je veux voir les actualités à huit heures et puis la météo. C'est très important. Puis nous pouvons regarder ou un film sur TF1 ou un programme de disques sur France 3.
Mme Legros C'est quelle sorte de film? Je déteste les westerns et les films d'épouvante.
M. Legros C'est un film d'aventure situé en Suisse.
Pierre Et le foot?
Mme Legros Pour les enfants il y avait à cinq heures Tom et Jerry, les dessins animés, et à sept heures le fameux feuilleton américain «Dynastie». Maintenant c'est aux adultes de choisir et nous préférons les actualités et les films.
Pierre J'en ai marre! Toujours les actualités! Je trouve la publicité plus intéressante que les actualités!

la météo *weather forecast*
épouvante *horror*
Suisse *Switzerland*
fameux *famous*
la publicité *advertising*
téléviseur *television set*

«News at Ten», ce sont des ________
(*b*) «Dallas», c'est un ________
(*c*) «La panthère rose» c'est un ________
(*d*) «Il pleut encore», c'est la ________
(*e*) «Achetez cette belle voiture», c'est la ________
(*f*) Un programme ou une ________

★ **H** *You should now be ready to discuss what you like and dislike on television. Find out about your partner's views. Use the following questions to help you.*

(*a*) As-tu une télévision en couleurs ou en noir et blanc?
(*b*) Il y a combien de téléviseurs chez toi?
(*c*) Tu regardes souvent la télé? (une heure par jour, deux heures, trois heures. . .)
(*d*) Quelle sorte de programmes aimes-tu?
(*e*) Quelle sorte de programmes est-ce que tu détestes?
(*f*) Et tes parents? Qu'est-ce qu'ils préfèrent?
(*g*) Il y a des disputes chez toi au sujet de la télévision?
(*h*) Comment s'appelle ton programme favori?
(*i*) Tu as un magnétoscope à la maison?

un magnétoscope *video-recorder*

If the answer to question (g) was **Oui**, *imagine and act out in French a family scene, where no-one can decide what programme they all ought to watch. Do not forget expressions of annoyance such as* **«Zut alors, j'en ai marre»** *(I've had enough),* **«ce n'est pas juste»** *(it's not fair)".*

Extra Reading

Here are some extracts from the television schedules from a Sunday in June. Read the extracts carefully, and answer the questions in English.

Télévision Les programmes de dimanche

tf1 A2 Antenne 2 FR3

7.30 SAUVONS LE MONT-SAINT-MICHEL
Émission de FR 3 Caen
Présentation du Mont — **7.45 Journal — 8.00 SCÉNARIO CATASTROPHE.** Fiction: en 1990, le Mont est prisonnier des sables: images symboles, réactions, conséquences. — Exemple d'un sauvetage réussi: Venise. — Interview avec **Jack Lang**, ministre de la culture. — Le Mont architecture, vie monastique, légendes.

1 Which local TV station is presenting this programme?
2 What short programme interrupts the long one, and when?
3 What imagined event takes place in 1990?
4 Which Italian city is quoted as a success story?
5 What job did Jack Lang do?
6 Which three aspects of Mont-Saint-Michel are then dealt with?

sables *sands*
un sauvetage réussi *successful salvage operation*
sauvegarde *protection*

9.00 LE PROJET: historique, les associations de sauvegarde, l'environnement de la baie. — **10.00 LE MONT ET SON IMAGE:** une grande marée, les jeunes et le mont, le Mont et la bande dessinée. — **11.00 LE MONT MERVEILLEUX:** scénario rock avec **Jean-Patrick Capdevielle:** les peintres au secours du mont: portrait de **la mère Poulard**.

7 Which kind of association is mentioned?
8 Describe the geographical situation of Mont-Saint-Michel.
9 Which section of the programme would attract a strip-cartoon fan?
10 At what time does the programme show a high tide?
11 Complete these sentences, choosing the appropriate person's name in each case. You will find the answers in the whole of the passages you have just read.
(*a*) .... is a rock performer.
(*b*) .... is a member of the government.
(*c*) .... is a lady featured in the programme.

la baie *bay*
une grande marée *high tide*
bande dessinée *strip cartoon*
merveilleux *marvellous, fantastic*
les peintres *painters*

14.30 CONCERT AU MONT-SAINT-MICHEL
L'ensemble instrumental de Basse-Normandie dirigé par Dominique Debrat, interprète une œuvre pour hautbois et clavecin de **Jean-Sébastien Bach** et des extraits du concerto pour flûtes, basses et cordes et continuo de **Vivaldi**. André Pagenes (organiste) et Pierre

Dutot (trompettiste) exécutent des morceaux classiques pour orgues et trompettes. Michel Debost (flûtiste solo de l'Orchestre de Paris) interprète deux morceaux pour flûte 'seule' de Bach.

12 *Complete the gaps in this table.*

Oboe	*Oboist*		*Hautboîste*
Harpsichord			*Claveciniste*
Flute	*Flautist*		
	Trumpeter		
Organ			
	String-Player		*Cordiste*
			Bassiste

17.30 ÉMISSIONS RÉGIONALES
BRETAGNE ET PAYS DE LOIRE
MAGAJEAN — Avec le club Microtel; **Claude Alvarez-Pereire**, musicien; **Jean-Claude Virjey** pour la rubrique moto; un festival sur la bande dessinée à Saint-Malo; et des livres pour l'été avec l'écrivain **Daniel Rich**.

18.00 MENSUEL. *Portrait de* **Bernard Hinault.**

19.00 FLASH. 19.07 GÉDÉON. 1915. JOURNAL RÉGIONAL. 19.37 L'HOMME DU PICARDIE (27).

19.50 HIPPISME. 19.55 MAGAZINE DES LOISIRS.

13 Place these people next to the fields in which they are expert.

l'écrivain *writer*

Daniel Rich	motorcycling
Jean-Claude Virjey	music
Claude Alvarez-Pereire	books

14 What makes you think that «L'Homme du Picardie» may be part of a series or a serial?
15 How many news programmes are shown between 5.30 and 8.00 pm?
16 Which are the sports that are covered in the same period?
17 In which regions are these programmes seen?
18 What is happening at Saint-Malo?

10 Le sport pour tous

This unit will help you to talk about your likes and dislikes in sport. You will also learn how to cope at a sports centre or skating-rink in France.

Conversation

LIKES AND DISLIKES IN SPORT

A *You have already learnt the expressions of liking and disliking. Now read these conversations with a partner and find out which sports they prefer. Use your pupil's book to check any sports you have forgotten.*

1 **Jules** Quels sports est-ce que tu pratiques au collège?

Anne-Marie Moi, je fais du basket cette année. J'aime bien ça, mais je dois faire de l'athlétisme aussi. Je déteste ça, c'est trop ennuyeux. Et toi?

Jules Je joue au handball et au rugby et aussi au pingpong. Je joue aussi au pingpong le soir au Centre des Jeunes. Nous avons une équipe qui joue contre des autres centres.

Anne-Marie Tu gagnes?

Jules Euh . . . Quelquefois!

2 **Robert** Qu'est-ce que tu préfères, le foot ou le rugby?

Luc Moi, je préfère jouer au rugby mais j'aime regarder le foot à la télé. Mon équipe préférée c'est Saint-Étienne.

Robert Moi, j'aime regarder le cyclisme à la télévision — le Tour de France en particulier. J'ai aussi un vélo. Au collège je préfère le badminton, et la natation.

3 **Sylvie** Le soir j'aime patiner. Il y a une patinoire pas loin de chez moi. Je voudrais aussi faire de l'équitation mais c'est trop cher pour moi.

Jean-Pierre Moi, j'aime bien les chevaux, mais si j'avais beaucoup d'argent je voudrais faire du ski.

patiner *to skate*
une patinoire *skating rink*
équitation *horse-riding*

Now practise talking about sport by taking the rôles of the following people:

(*a*) **Louis** 

(*b*) **Jean** 

(*c*) **Monique** 

(*d*) **Nicole** 

AT THE SPORTS CENTRE

B *Study this conversation which takes place at the* **Centre des Sports**.

Une fille et un garçon	Deux entrées, s'il vous plaît. C'est combien?
L'employée	Pour la piscine, c'est sept francs pour les enfants. Ici nous avons aussi une grande salle pour le badminton et le tennis de table.
La fille	Est-ce qu'on peut louer des raquettes pour le badminton?
L'employée	Oui, naturellement. C'est quatre francs par heure et si vous allez nager, il vous faut un bonnet, car vous avez des cheveux longs.
Le garçon	Est-ce qu'il y a des casiers pour des vêtements?
L'employée	Oui, les casiers et les cabines sont là-bas, à côté des douches.
Le garçon et la fille	Merci.

☆ *Now see if you can take the rôles of the people in the following situations. Your partner will play the person giving the information and has the details printed on the right-hand side of the page.*

(*a*) At the swimming pool you need to find out the cost for under 16s, you want to hire a swimming hat and find out where the showers and changing rooms are.

PISCINE MUNICIPALE

Enfants moins de loans	4f 50
de dix à dix-huit ans	6f 00
adultes	8fr.
étudiants, militaires	5fr 50
LOCATION — bonnet —	2fr 50

Douches, cabines, vestiaires au ler étage

(*b*) At the sports Centre you want to hire a tennis racket and find out the cost of playing for an hour. You also need to know where the lockers are for valuables.

LE STADE

le tennis de table — 3fr (30 minutes)
le tennis — 4f 50 (30 minutes)
le badminton — 4fr 50 (30 minutes)
raquettes — 8fr (par heure)
douches } *à côté de l'entrée — 1fr*
casiers }

un bonnet	*swimming hat*
des casiers	*lockers*

AT THE ICE RINK

des patins *skates*
Vous faites quelle pointure *What size shoe do you take?*

C *How would you cope at* **la patinoire?**

Un garçon	Bonjour, c'est combien, l'entrée?
L'employé	Vous avez quel âge?
Le garçon	J'ai quinze ans.
L'employé	Bon, l'entrée pour les moins de seize ans, c'est 12 francs.
Le garçon	Est-ce qu'on peut louer des patins?
L'employé	Oui, mais ça fait cinq francs en plus. Vous faites quelle pointure?
Le garçon	Je fais du 39.
L'employé	Très bien, donnez-moi vos chaussures. Ça fait 17 francs en tout. Il y a des casiers et des toilettes en bas et aussi un café.
Le garçon	Merci!

Act out the following situation with your partner. Again, he or she has the necessary information on the right of the page.

At the skating-rink you want to find out the cost for 17 year-olds of entry and for hire of skates. You take size 40 (about size 7). Find out where the toilets and the changing-rooms are.

LA PATINOIRE MUNICIPALE

ENTRÉE
5 à 16 ans – 9fr 00
16 à 18 ans – 12fr
étudiant, militaire – 12fr
adulte – 15fr
Location de patins – 5fr 50
Ici nous avons un café,
un bar, des vestiaires et des
W.C., tous au sous-sol.

Extra Reading

À SUIVRE CETTE SEMAINE

This summary of sport on television appeared in «L'Équipe», the daily sports newspaper in France. After reading it carefully, answer the questions set below.

A SUIVRE CETTE SEMAINE

MERCREDI 11 MARS A 2 (17 h 45 à 18 h 5)	CYCLISME Paris-Nice : prologue.
TF 1 (18 h à 18 h 20)	AUTOMAG Les voiturettes à trois roues.
A 2 (20 h 50 à 22 h 50)	GRAND STADE Le cyclisme dolombien. Les jockeys d'obstacle. La formule 1 : 3e partie. Mennea-Simeoni.
JEUDI 12 MARS A 2 (17 h 20 à 17 h 50)	CYCLISME Paris-Nice : Joigny-Château-Chinon.
VENDREDI 13 MARS A 2 (16 h 55 à 17 h 20)	CYCLISME Paris Nice : Château-Chinon-Bourbon-Lancy.
A 2 (17 h 20 à 17 h 50)	FENETRE SUR ... Le karaté, avec Bob Ladoulek.
FR 3 (18 h 30 à 18 h 40)	VIVE LE SPORT Le Basket-ball. Cette semaine : le dribble.
FR 3 (22 h 45 à 23 h 10)	THALASSA L'actualité de la mer et de la plaisance.
SAMEDI 14 MARS A 2 (14 h 25 à 17 h 20)	LES JEUX DU STADE Boxe : Championnat d'Europe, Holyk-Grinaldo. Handball : Gagny-Strasbourg. Cyclisme : Paris-Nice, à Saint-Etienne. La rééducation de Jean-Pierre Jabouille.
TF 1 (18 h 40 à 19 h 10)	AUTO MOTO L'actualité des sports mécaniques.
TF 1 (22 h 35 à 23 h 35)	TELEFOOT Championnat : Nantes-Strasbourg, Saint-Etienne-Monaco et Bordeaux-Lyon. Finale de la 'League': Liverpool-West-Ham. Les échos. Rétro: Italie-France 1948.

(From: L'Équipe, no 10829, 9.3.81.)

la plaisance *sailing*

1 On what day, and on what channel would you find an item about karate?
2 Which boxing championship is being shown at 2.25 pm. on Saturday?
3 What is the only sporting event on television on Thursday?
4 Which is the programme that takes up most viewing time on Wednesday, and what sports are included?
5 What is special about the vehicles featured on the first channel on Wednesday?
6 How many sports are shown on Saturday afternoon?
7 In the Paris to Nice cycle race, which town do the competitors reach by the end of the week?
8 How many French matches are shown in the football programme on Saturday evening?

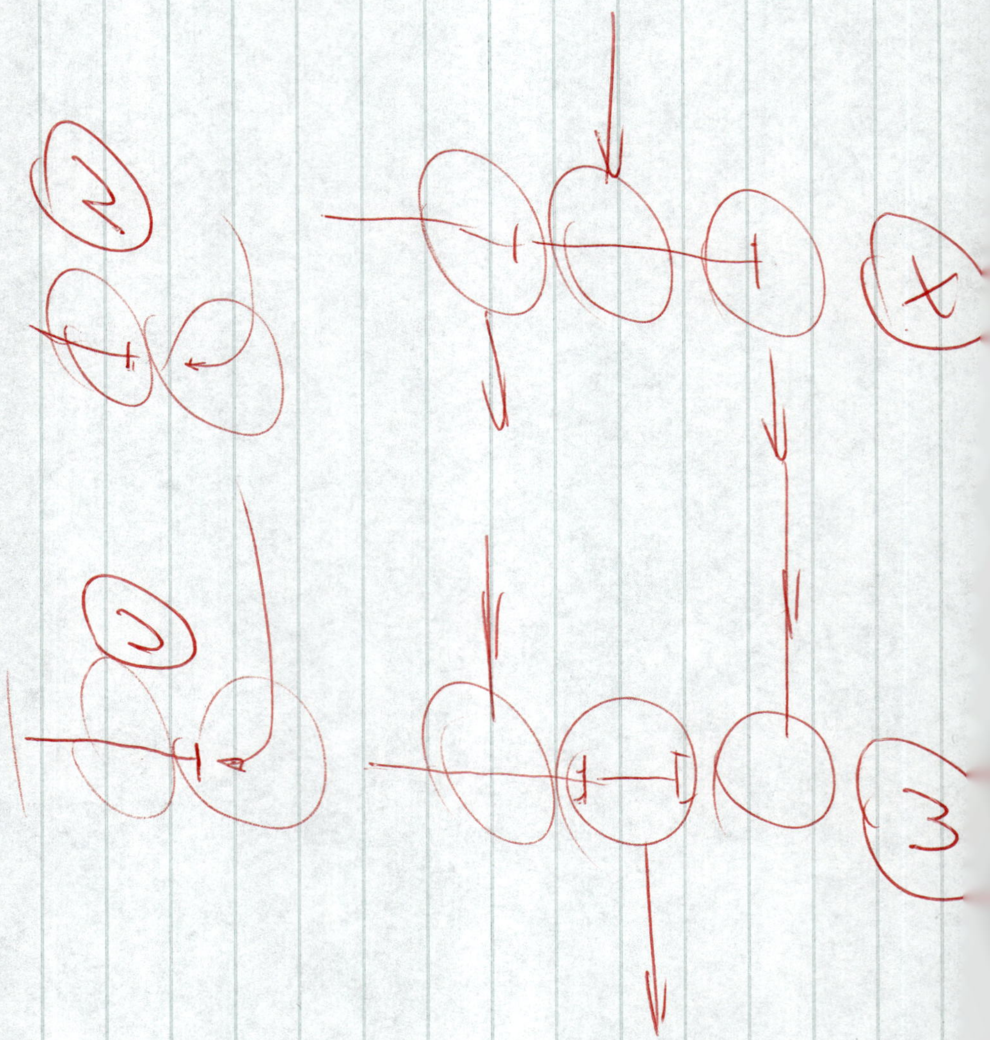
3

TCB:

11 L'Argent de poche

Pour le dernier programme de la série, Pierre a posé des questions au sujet de l'argent de poche. Voici quelques-unes de ces questions:

Combien d'argent de poche est-ce que tu reçois par semaine?
C'est suffisant, à ton avis?
Comment est-ce que tu dépenses ton argent de poche?
Qu'est-ce que tu achètes?
Est-ce que tu fais des économies?

Pierre a interviewé plusieurs jeunes gens sur cette question. Il a trouvé une énorme variété d'opinions. Chaque individu est différent! Son interview avec Isabelle Perrior, âgée de 14 ans, était assez typique:

Pierre Combien d'argent de poche est-ce que tu reçois par semaine?
Isabelle Mes parents me donnent trente francs.
Pierre C'est suffisant, à ton avis?
Isabelle Non, pas vraiment.
Pierre Comment est-ce que tu dépenses ton argent de poche?
Isabelle J'achète d'abord des magazines.
Pierre C'est combien, ça?
Isabelle Douze francs toutes les semaines, six francs chacun.
Pierre Et après, qu'est-ce que tu achètes?
Isabelle J'achète de temps en temps du maquillage, ou un poster ou un disque, mais pas grand' chose.
Pierre Est-ce que tu fais des économies?
Isabelle Ah, oui, un peu. Je mets de côté huit francs pour les vacances.
Pierre Et quand tu veux acheter quelque chose de spécial ou offrir un cadeau?
Isabelle Ah, je travaille quelques heures dans le café d'une de nos voisines. Elle a toujours besoin d'un coup de main et comme ça je gagne un petit supplément.

1 Pierre first asks
- A how she spends her money
- B whether she saves any
- C how much money she receives
- D if she thinks it's enough

2 She spends
- A 6 francs on 2 magazines a week
- B 12 francs on 1 magazine a week
- C 18 francs on 2 magazines a week
- D 12 francs on 2 magazines a week

3 With the remaining money, she always
- A buys a record
- B saves for her holidays
- C buys make-up
- D goes to a nearby cafe

4 She earns a little extra money
- A at her neighbour's cafe
- B in order to buy herself clothes
- C to save up for her holidays
- D in order to buy records

Conversation

In this unit you will learn how to set about buying presents and souvenirs during your trip to France, and also how to change money during your stay.

BUYING PRESENTS

A Au magasin de souvenirs

1 **Andrew** Bonjour. C'est combien la boîte de bonbons là-bas, s'il vous plaît?
La vendeuse C'est 35 francs 50.
Andrew C'est trop cher. Avez-vous quelque chose de moins cher?
La vendeuse Oui, voici une boîte pour 20 francs 10. Ça va?
Andrew Oui, merci.
La vendeuse C'est pour offrir?
Andrew Oui, voilà 25 francs.
La vendeuse Voici votre monnaie — 4 francs 90. Merci et au revoir.

In France if you say that what you are buying is for a present — **«C'est pour offrir»**, they will usually wrap it up in a very attractive way at no extra charge. French tourists are often disappointed when they expect a similar service in Britain!

2 **Craig** Je voudrais cinq cartes postales, s'il vous plaît. Ça fait combien?
La vendeuse Ça fait 5 francs 50, s'il vous plaît.
Craig Voilà 5 francs 50 exactement, madame.
La vendeuse Merci!

Voici des souvenirs et des cadeaux que vous pouvez acheter en France:

une carte postale

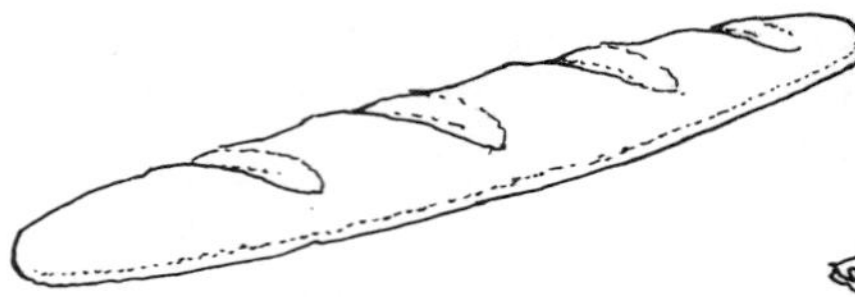
une baguette

des bonbons

une boîte de chocolats

un stylo

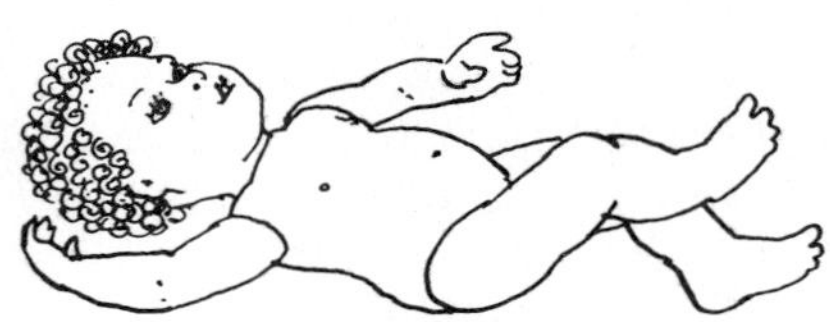
une poupée

un porte-clefs

un gâteau

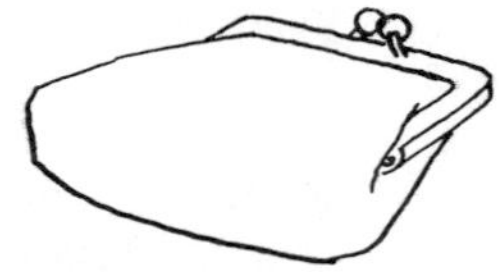
un porte-monnaie

☆ *Working with your partner practise the following conversations buying souvenirs:*

(*d*) **Sean** Je voudrais 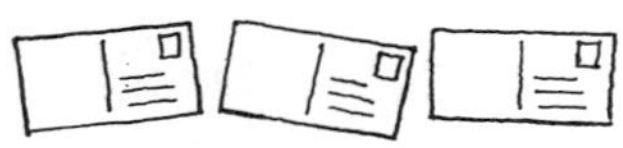, s'il vous plaît.

La vendeuse Oui, voilà. C'est tout?

Sean Non, je voudrais aussi . C'est combien?

La vendeuse , c'est 13 francs 50.

Sean Ça, c'est trop cher. Je prends seulement 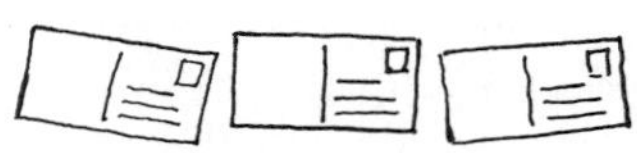

La vendeuse Bon, ça fait 3 francs 60.

(*b*) **Angela** Bonjour, madame. Je voudrais , s'il vous plaît.

La vendeuse J'ai des  à 32 francs et à 45 francs.

Angela Je prends  à 32 francs, s'il vous plaît. Voilà 40 francs.

La vendeuse Et voici votre monnaie — 8 francs.

(*c*) **Elizabeth** Je voudrais , s'il vous plaît.

Le vendeur J'ai  avec la Tour Eiffel et L'Arc de Triomphe.

Elizabeth Je prends , s'il vous plaît.

Le vendeur Très bien. Ça fait 2 francs 80.

Elizabeth Voilà, merci.

B *How to cope if you are not offered exactly what you want.*

(*a*) **Paul** Bonjour. Je voudrais  au chocolat, s'il vous plaît. C'est combien?

La vendeuse C'est 67 francs. Ça va?

Paul Non, c'est trop cher. Vous avez  comme ça mais plus petit et moins cher?

La vendeuse Oui, voilà. C'est 42 francs.

(*b*) **Colin** Je voudrais , s'il vous plaît.

Le vendeur Comme ça en bleu? Ça fait 20 francs 30.
Colin Comme ça mais en rouge, s'il vous plaît.
Le vendeur Voilà.

(*c*) **Sharon** Je voudrais , s'il vous plaît.

La vendeuse Oui. voilà une belle  avec une robe blanche.
C'est 42 francs.

Sharon Oui, comme ça mais en jaune, s'il vous plaît.
La vendeuse Oui, voilà.

Practise asking for the following variations on what you have been offered in the shop. The first one has been done for you.

(*d*)  (noir) Je voudrais un stylo comme ça mais en noir, s'il vous plaît.

(*e*)  (petit)

(*f*) 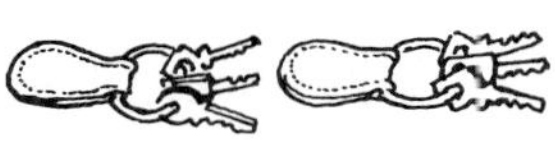 (grand)

(*g*) 

(*h*) 

C *Working with your partner, act out a conversation at a souvenir shop buying several things. You could say that you want something slightly different from what you have been offered or that you have received the wrong change, to make your conversation more lively.*

CHANGING MONEY

You can change money in a bank or at a **bureau de change**. You will find these special offices in large towns, stations, airports etc. and they are usually open longer hours than banks.

D *Here is what to say:*

1 **L'employé** Vous désirez, monsieur?
David Je voudrais toucher un chèque de voyage s'il vous plaît.
L'employé Très bien. Vous avez votre passeport? . . . Merci. C'est pour combien de livres sterling?
David J'ai 20 livres sterling.
L'employé Bon, signez là, s'il vous plaît. Passez à la caisse maintenant.

When travelling abroad it is a good idea to take some of your money in traveller's cheques (**des chèques de voyage**) as if they are lost or stolen you can reclaim the money, as long as you have taken careful note of the number on each cheque.

You may also want to change some cash:

2 **Emma** Bonjour, madame. Je voudrais changer 25 livres sterling en francs français.
L'employée Oui. La livre vaut 10 francs 30 aujourd'hui. 25 livres, ça fait 257 francs 50; avec 5 francs 50 de frais. Signez là, s'il vous plaît . . . Voilà 252 francs.

Remember you will usually have to pay the bank a small fee **(frais)** for changing the money, so if a number of you are travelling in a group you will save money by changing your currency together.

Your partner will play the part of the bank-clerk and may use the book if necessary. See if you could cope with changing the following amounts. The rate of exchange is given in brackets.

(*a*) 

(10 fr. 20)

(*b*) 

(11 fr. 50)

(*c*) 

(11 fr. 10)

(*d*) 

(11 fr. 00)

(*e*) 

(11 fr. 20)

vaut	*is worth*

Extra Reading

Here are some advertisements for businesses in a smaller French town — Beauvais, north of Paris. Can you find the information required by the questions?

1 What telephone number would you ring to ask for details of model trains?
2 What other models does this shop sell?
3 Why is the address of SERNAM near the station?
4 List the different places to eat shown in these adverts.
5 If you had a puncture, where would you go in Beauvais?
6 What is the name of the department store? Which are the three main sections listed in its advert?
7 What might lead you to believe that the Peugeot garage is on the south side of the town? (Look at the instructions above these questions!)
8 What is the main postcode for Beauvais?
9 The squirrel is the symbol of the Savings Bank in France. How many branches are there in Beauvais?

maquettes *models*	**messagerie** *parcels service*
épargne *savings*	**livraison** *delivery*
habillement *clothing*	
alimentation *food*	

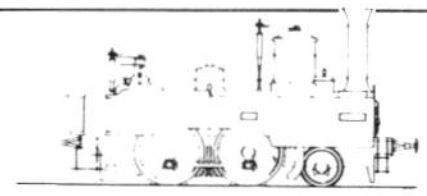

c'est

2 bis, rue de Buzanval
Beauvais - TÉL. (4) 448.61.89

Magasin spécialisé en modèles réduits et maquettes
de Trains, Avions, Bateaux, Voitures
SERVICE APRÈS-VENTE ASSURÉ PAR NOS SOINS

DISTRIBUTION BOUFFLETTE MATERIAUX

TOUT POUR L'HABITAT
DISTRIBUTION DES MATERIAUX
DE CONSTRUCTION DES PLUS GRANDES
MARQUES
SALLE D'EXPOSITION: SANITAIRE, CHAUFFAGE
CARRELAGES, etc....

45 Rue CORREUS 60 000 BEAUVAIS TEL 448 08 35

"Les P'tits Trucs"
RESTAURANT - CREPERIE
SALON DE THE
6, rue Philippe de Dreux **BEAUVAIS** ☎ 448-31-31
REPAS – CREPES de 12H à14H et de 19H à 22H
SALON DE THE après – midi: 14H à 19H
VENEZ GOUTER NOS SPECIALITES

tout pour le pneu
point S Etablissements CACAUX
☎ **402.00.60** 21 Avenue Blaise Pascal 60007 BEAUVAIS

S.A. LE NOUVEAU GARAGE
concessionnaire
PEUGEOT-TALBOT
2, rue Gay-Lussac (Direction Paris) BEAUVAIS
Tél. 16 (4) 402.15.81

CAISSE D'EPARGNE
et de PREVOYANCE de Beauvais-Méru
29, rue J. Vast Tél. 445.32.12
Centre Commercial Bellevue Tél. 402.04.00
Centre Commercial: Zup de l'Argentine Tél. 448.10.11
TOUS PLACEMENTS ET PRÊTS

Spécialités Italiennes
« PIZZERIA NINO »
17, Rue GUI PATIN 60000 BEAUVAIS
☎ (4) 448.13.65
Ouvert de 12h à 14h 30
19h à 22h 30
Fermeture Lundi

RESTAURANT (*Face à Expo 60*)
LE RELAIS DE LA FOLIE
Salles pour Banquets et Réunions de 30 à 300 personnes
SERVICE TRAITEUR A DOMICILE
Rue d'Amiens, 60000 BEAUVAIS Tél. 448.09.58

Installations Magasins
décoration
le Carlier
18 rue d'Amiens. 60000 - BEAUVAIS
tel 16 (4) 448 05 64. *telex* 145 120 F

R.C. BEAUVAIS 525 620 605 B
shd
18 & 20
RUE GAMBETTA
445.05.38
60000-BEAUVAIS
QUINCAILLERIE • OUTILLAGE

NG **Nouvelles Galeries**
le grand magasin de BEAUVAIS
HABILLEMENT - LOISIRS - ALIMENTATION
PLACE J. HACHETTE & RUE CARNOT Tél: 448.16.07

Au Petit Denis
Mornay C.
65 Rue Gambetta - 60000 BEAUVAIS
SES MENUS et SA CARTE TEL (4) 445 05 23

SERNAM
toute la 'messagerie'
formules particulières pour les 'lots'
LE SPÉCIAL EXPRESS - Livraison dans les 24 Heures
CENTRE DE MESSAGERIES DE BEAUVAIS
Cour de la Gare 60000 BEAUVAIS - Tél. : (4) 445 71 77

12 A bientôt en France!

Quelques semaines après l'arrivée de la première lettre de David Young, la famille de Didier Martin a décidé de l'inviter à Villeneuve pendant les grandes vacances.

«Je pense que David sera très content d'être chez nous», a dit Didier. «Je lui écrirai tout de suite. Nous visiterons Paris, nous passerons quelques jours chez ma grand' mère en Bretagne et nous sortirons faire des promenades avec mes amis.»

Here is the letter that Didier wrote inviting David to stay. Can you match his questions with the answers that David gave in his reply? (printed on page 86 of your Pupil's Book)

Villeneuve, le 7 mai

Cher David,

Maintenant les grandes vacances approchent vite, n'est-ce pas? Ma famille voudrait beaucoup t'inviter passer un mois ici pendant les grandes vacances. Passeras-tu la Manche pour nous rencontrer?

Tu prendras l'avion, je suppose. Nous habitons tout près de Roissy, le grand aéroport. Tu ne seras qu'à une heure de vol de Heathrow. Dis-moi à quelle heure tu quitteras Londres et quand tu arriveras à Paris, et la date de ton arrivée, bien sûr!

Nos vacances scolaires commencent au début de juillet. Quand est-ce que tes cours finiront? Nous te proposons un séjour d'un mois. Puis, peut-être pour l'année prochaine, c'est moi qui traverserai la Manche.

Ecris-moi vite,

Ton correspondant,

Didier

la Manche	*English Channel*

Conversation

In this unit you will learn how to discuss and plan with someone what you are going to do, including when and where you will meet and where you will go.

MAKING ARRANGEMENTS

1

Georges Tu veux venir à la patinoire avec moi?
Claudette Ce soir?
Georges Oui.
Claudette O.K. Où est-ce qu'on se rencontre?
Georges Chez toi vers huit heures, ça va?
Claudette Oui, c'est très bien. À ce soir, alors.

2

Régine Tu veux venir à la piscine cet après-midi?
Chantal Ah oui, il fait si chaud. Oh . . . je n'ai pas de bonnet.
Régine Ça ne fait rien. On peut louer un bonnet à la piscine. À quelle heure est-ce qu'on se rencontre?
Chantal À deux heures devant la piscine?
Régine Deux heures c'est trop tôt. Je dois digérer mon repas. Disons trois heures.
Chantal Très bien, trois heures alors. Ne mange pas trop!

Ça ne fait rien *It doesn't matter*
digérer *digest*

OÙ EST-CE QU'ON VA?	OÙ EST-CE QU'ON SE RENCONTRE?	QUAND EST-CE QU'ON SE RENCONTRE?
Vous voulez aller } Tu veux aller } au cinéma, au théâtre à la piscine au centre des sports, au café, au club de jeunes avec moi	devant le cinéma, à l'arrêt d'autobus, chez moi, dans le café, devant la piscine, sur la place du marché, chez toi/chez vous	ce soir à huit heures ce matin à neuf heures cet après-midi demain, samedi soir.

☆ **A** *Now practise making arrangements yourself. Your partner asks each of the questions at the top of the columns and you choose one of the possible answers from each box. Your partner can note down the details in English or French to check that he or she has understood the arrangements correctly.*

FINDING A FREE EVENING

☆ **B** *You have a very busy friend with whom you would like to go to the cinema, but first you must find out his or her free evenings. Your partner draws up a diary for the week leaving only two evenings free, but does not show it to you. Here is an example:*

LUNDI :	20.00 – chez Colette, jouer des disques
MARDI :	20.30 – à la patinoire avec Guy
MERCREDI :	——
JEUDI:	20.00 – jouer au volley au stade
VENDREDI :	19.30 – chez Jean-Pierre, jouer au ping pong
SAMEDI :	20.30 – la boum de Philippe (son anniversaire)
DIMANCHE :	——

C *You invite your partner to go to the cinema on a particular evening. He or she then consults their diary and tells you whether they are free. You have three tries to find a free evening, after which you decide to go on your own!*

Here is what might be said:

Jean-Luc Tu veux aller au cinéma avec moi? C'est le film *ET*.
Pascale Je veux bien. Quand est-ce qu'on se rencontre?
Jean-Luc Aujourd'hui, lundi, à huit heures.
Pascale Ah non, je regrette, je vais chez Colette pour jouer des disques.
Jean-Luc Bon, samedi alors — huit heures au cinéma. . .
Pascale Ah non, je regrette, je vais à la boum de Philippe. C'est son anniversaire, il a quinze ans.
Jean-Luc Zut. Mercredi alors. . .
Pascale Mercredi . . . Oui, ça va. Où est-ce qu'on se rencontre . . . au cinéma?
Jean-Luc Oui, d'accord, le film commence à huit heures et quart (enfin!)

★ **D** *Now it's your turn. Take it in turns with your partner to draw up the diary. Here are some more examples of possible activities to help you:*
faire mes devoirs de maths, aider ma mère, garder les enfants, aller en ville, aller à la disco avec des amis, visiter mes grands-parents.

Remember when you are describing what you are going to do or where you are going **je vais** *is very useful,* e.g., **lundi soir je vais faire mes devoirs de maths**.

By questioning your partner see if you can find a free evening. Now you are ready to try your luck in French at asking anyone in the class to go out with you. **BONNE CHANCE!**

garder *to look after*

Extra Reading

Samedi et dimanche

CALVADOS

OUISTREHAM: championnat de France des chiens d'utilité, stade Kieffer, samedi et dimanche.

CAEN: salon des antiquaires, et de la brocante, parc des expositions, samedi 10 à 12 h, dimanche 10 à 19 h.

LISIEUX: courses hippiques en nocturne, samedi. Hand-ball féminin, France-Allemagne, samedi 20 h 30, gymnase Mimoun.

BAYEUX: concours hippique national, bd du 6-Juin. Samedi à partir de 11 h et dimanche à partir de 9 h 30.

DEAUVILLE: mini-triathlon départ sur les planches, samedi, à 10 h.

BAYEUX

LOISIRS

MUSÉE BARON-GERARD: samedi et dimanche, 9 h à 19 h.
BAYEUX-BALL-TRAP-CLUB: samedi à partir de 14 h, entraînement sur fosse universelle, au stand de Monceaux-en-Bessin.
BIBLIOTHEQUE POUR TOUS: samedi, 11 h à 12 h et 17 h à 19 h.
FÊTE DU CHEVAL: samedi et dimanche, boulevard du 6-Juin.
PISCINE MUNICIPALE; samedi, 15 h à 18 h.
ECOLE DE DANSE DU - «GAY SÇAVOIR»: samedi à 21 h et dimanche à 15 h 30, galas à la Halle aux Grains.
MUSÉE DE LA BATAILLE DE NORMANDIE: samedi et dimanche, 9 h à 19 h.
BIBLIOTHEQUE MUNICIPALE SECTIONS JEUNESSE ET ADULTES: samedi, 10 h à 12 h et 14 h à 17 h 45, au centre Guillaume-le-Conquérant, rue aux Coqs.
TAPISSERIE DE LA REINE MATHILDE: samedi et dimanche, 9 h à 19 h.
PONEY-CLUB DE BAYEUX: samedi, 9 h à 18 h, route de Littry.
COMITE DES PECHEURS A LA LIGNE DE BAYEUX: dimanche, 6 h 30, concours à Sully («Maurepas»).

EXPOSITIONS

AMICALE PHILATELIQUE BAYEUSAINE: samedi et dimanche, 9 h à 12 h et 14 h à 18 h, sur le thème du débarquement, salle des Chevaliers (centre Guillaume-le-Conquérant).
PAUL-EMILE PISSARO: samedi et dimanche, aquarelles, au musée Baron-Gérard.

Au jour le jour

Samedi 16 juin (168e jour reste 198)

SOLEIL: lever à 5 h 46; coucher à 21 h 56.
LUNE: dernier quartier le 21.
SAINT DU JOUR: JEAN FRANÇOIS RÉGIS. Né le 31 janvier 1597 à Fontcouverte (Aude). Il entre dans la compagnie de Jésus (Jésuites) le 8 décembre 1616. Il met son caractère impétueux au service de la parole de Dieu et des pauvres. Pris dans les neiges en se rendant à La Louvesc (Ardèche), il y meurt le 31 décembre 1640.

Dimanche 17 juin

LA SAINTE TRINITÉ
SAINT DU JOUR: HERVÉ. Abbé du monastère de Lanhouarneau (Finistère) où se trouve sa sépulture (VIe siècle). La légende le décrit aveugle de naissance, accompagné de son guide Gulharan et d'un loup. Patron des bardes bretons.

CINEMAS

MODERN'CINEMA, rue des Bouchers: **Notre histoire,** sameci à 21 h, dimanche à 14 h 30 et 21 h; **Le sadique à la tronçonneuse,** samedi à 15 h et 23 h 15 et dimanche à 17 h.
LE MOLIERE, rue Genas-Duhomme, **Fort Saganne,** samedi et dimanche à 14 h 30 et 20 h 30; **Doctors in love,** samedi et dimanche à 14 h 10, 16 h 05, 20 h 10 et 22 h 05; **Espoir,** salle n° 3, samedi à 14 h et 20 h; **La guerre du feu,** salle no 3, samedi **à 16 h et 22 h,** dimanche à 20 h et 22 h; **Les enfants du paradis,** salle n° 3, dimanche à 14 h (durée du film 3 heures).

(From *Ouest-France*, no 12, 056, 15.6.84)

These items appearing in «Ouest-France» on a Summer Saturday give information about events in and around Bayeux, and details of the religious significance of the dates. As well as answering your teacher's questions about the dates and times, work out whether these statements are true or false, by checking with the information given.

1 The local pony-club meets on Saturday.
2 In Caen there is an antiques fair on Saturday and Sunday.
3 There is a choice of five films in Le Molière cinema on Sunday.
4 The two-day horse show is mentioned twice.
5 The swimming pool is not open on Sunday morning.
6 The saint who is commemorated on Sunday was blind from birth.
7 Clay-pigeon shooting begins at 4.0 pm.
8 Saint Jean-Francois-Régis died in 1616.
9 The water-colours of Pissaro can be seen from 9.0 am to 7.0 pm on either day.
10 There is a show of working dogs at Lisieux.

antiquaires *antique dealers*
brocante *bric-a-brac*
concours hippique *horse-show*
aquarelles *water-colours*
aveugle *blind*
naissance *birth*

13 À la recherche du sac perdu

1 Le 10 juillet, David Young est arrivé à Paris. Mais il y a eu un problème. Les Martin sont allés à la Gare du Nord pour le rencontrer. Après l'arrivée de son train, il n'est pas sorti du quai avec les autres passagers.

2 Les Martin ont passé sur le quai. Ils ont cherché un peu dans le train. Dans la cinquième voiture ils ont trouvé un jeune Anglais, qui avait l'air triste et dépaysé.

«Tu t'appelles David Young?» a demandé Mme Martin.

«Oui, Madame,» a-t-il répondu.

«Qu'est-ce qui se passe?» a dit Didier.

David cherchait partout — sous les banquettes, dans le filet, dans le couloir.

«J'ai perdu mon sac.»

«Quelqu'un a dû se tromper. Allons voir le chef de train,» a proposé M. Martin.

Le chef de train leur a conseillé d'aller tout de suite au bureau des objets trouvés.

3 Au bureau des objets trouvés, l'employé était très rassurant.

«Ne vous inquiétez pas, jeune homme. Quelqu'un trouvera votre sac et nous le rapportera. Nous passerons un coup de fil à la famille chez qui vous logez. Puis vous reviendrez récuperer votre sac. C'est bien simple, mais la prochaine fois, vous devrez faire plus attention.»

4 Dans la voiture en route pour Villeneuve, Dider a rassuré David. «Tu pourras m'emprunter les choses que tu avais dans ton sac. Je peux même te prêter un sac, si tu veux. Mais attention! il est vert. C'est un sac de Saint-Étienne.»

1 On what date did David travel to Paris?
2 Where did the Martin family go to meet him?
3 What first gave them the idea that something was wrong?
4 In which carriage did they find him?
5 Who spoke to him first?
6 Who asked him what was wrong?
7 What did M. Martin suggest?
8 What was the advice they were given by the guard?
9 How did they travel to Villeneuve?
10 In what way is a Saint-Étienne bag different from the one David lost?

Conversation

In this unit you will learn how to describe something you have lost and how to cope at a Lost Property Office. Also when you are in France or talking to French people, you will not always know the exact word in French for something you want, so being able to describe it and say what it does is a very useful skill to have.

LOST PROPERTY OFFICE

How can you tell that the French are much more optimistic in their choice of a name for this office than the English?

A Qu'est-ce que vous avez perdu?

Link up the drawings with one of the words below.

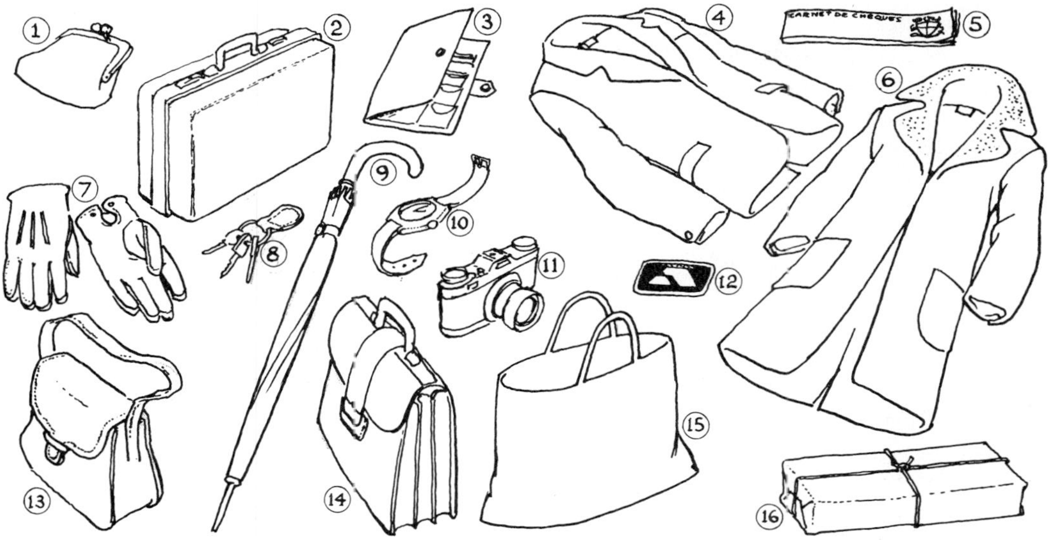

Le **porte-clefs** Le **portefeuille** Le **manteau**

Le **parapluie** Le **veston** Le **sac à main**

La **serviette** Les **gants** L'**appareil photo**

La **montre** La **valise** Le **porte-monnaie**

Le **sac** Le **paquet** La **carte de crédit** Les **chèques de voyage**

la serviette	*briefcase*
les gants	*gloves*
le manteau	*coat*

☆ (*a*) *Working with a partner, test each other to see if you know these words. Your partner points to one of the drawings and you claim that you have lost it.*

– J'ai perdu mon parapluie.
– J'ai perdu ma valise.

Remember **le** and **l'** words — **MON, la** words — **MA, les** words — **MES**)

(*b*) *Another way to practise these words is to place as many of the objects as possible in the centre of the room, send one person out and then remove one thing. Once back in the room, the person must decide what is missing and tell the class what he or she has lost.*

B Comment est-il? *Now practise how to describe the object you have lost.*

décrivez	*describe*
une pochette	*case*
emballé	*wrapped*

1 – Décrivez le manteau s'il vous plaît.
– Il est vert, assez grand avec deux grandes poches.

2 – Décrivez l'appareil-photo.
– Il est neuf et c'est un appareil KODAK dans une pochette brune en plastique.

3 – Comment est le paquet?
– Il est grand, emballé en papier brun avec l'adresse, cinquante-huit, Rue de Paris, Bordeaux, là-dessus.

4 – Décrivez le sac à main, s'il vous plaît.
– Il est brun, un peu usé en plastique. Dedans il y a mon portefeuille, mes clefs et mes chèques de voyage.

5 – Comment est votre valise?
– Elle est assez petite en cuir noir. Elle a une étiquette avec le nom Christiane Dupont là-dessus. Dedans il y a des vêtements et des livres.

cuir	*leather*
une étiquette	*label*
là-dessus	*on it*
dedans	*in it*

Copy down these descriptions and draw the articles described, including all the details given.

Now, using the same sort of phrases, try describing the following objects:

(*a*) Comment est le paquet?

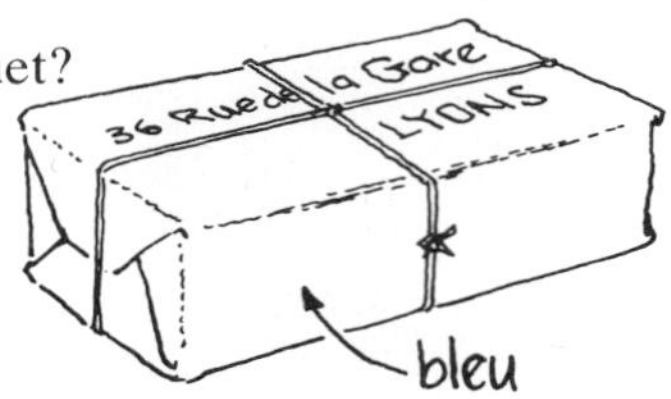

(*c*) Décrivez le portefeuille.

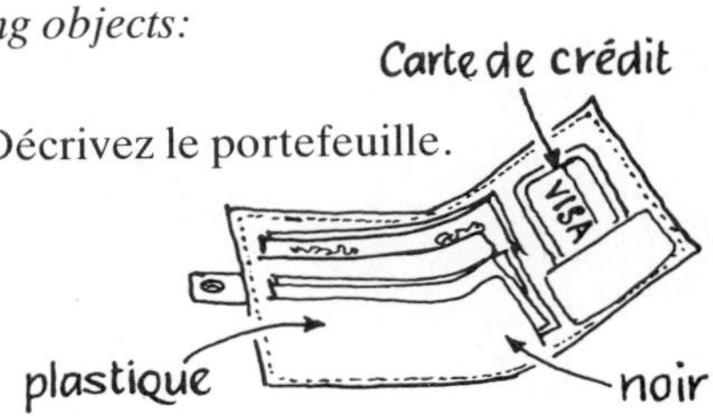

(*b*) Décrivez le veston.

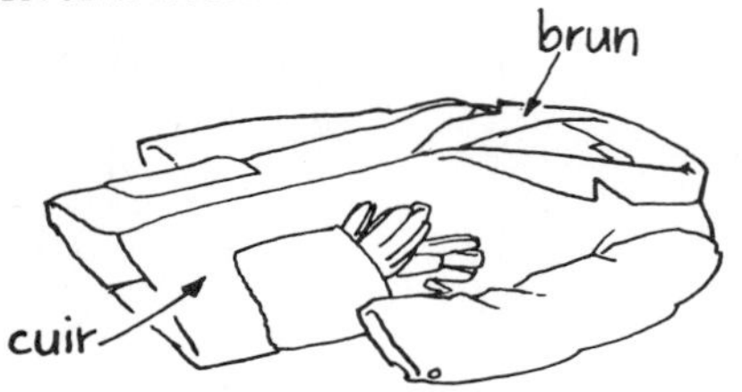

(*d*) Comment est votre valise?

C Où et quand est-ce que vous l'avez perdu? *Where and when did you lose your belongings?*
– Je l'ai laissé dans l'autobus ce matin.

– Je l'ai laissé dans le métro vers huit heures hier soir.

– Je l'ai perdu dans les magasins cet après-midi.

– Je regrette, je ne sais pas.

je regrette	*I'm sorry*

Read the following answers overheard in the Lost Property Office. Write down in English when and where the object was lost.

(*a*) Je l'ai perdu hier soir vers sept heures et demie dans le métro.
(*b*) Je l'ai laissé dans l'autobus numéro vingt-neuf, ce matin vers onze heures.
(*c*) Je l'ai laissé dans un taxi aujourd'hui vers midi.
(*d*) Je regrette, je ne suis pas sûre, c'était peut-être cet après-midi ou ce matin dans le car.
(*e*) Je ne sais pas — ce matin ou hier soir, dans l'autobus ou peut-être dans les magasins.

D *With a partner practise the following conversations which include all the details covered so far. The first one has been completed for you.*

1 **Employé** Bonjour, mademoiselle. Qu'est-ce que vous avez perdu?
Une fille Bonjour. J'ai perdu mon porte-clefs.

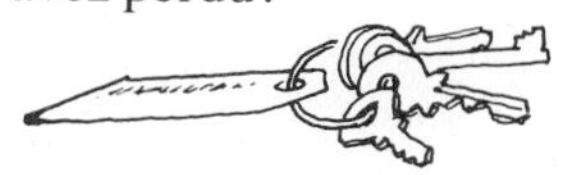

Employé Ah bon. Décrivez le porte-clefs, s'il vous plaît.
Une fille Euh. . . Il y a quatre clefs et il a une étiquette brune avec mon prénom Floriane dessus.

Employé Où est-ce que vous l'avez perdu?
Une fille Dans l'autobus numéro trente-six.

prénom	*first name*
je crois	*I think*

Employé Et quand?
Une fille Ce matin vers dix heures, je crois.

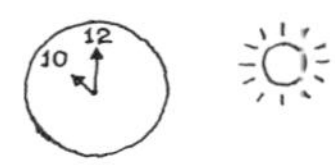

Employé C'est cela?
Une fille Oui! C'est mon porte-clefs. Merci!

2 **Employé** Qu'est ce que vous avez perdu, monsieur?
Un homme Bonjour, j'ai perdu  .

Employé Comment est la 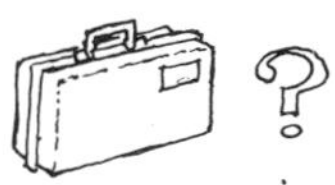
Un homme Elle est

Employé Quand est-ce que vous l'avez perdue?
Un homme

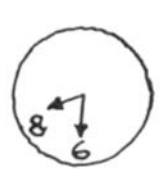

Employé Et où?
Un homme

Employé Voilà. C'est votre 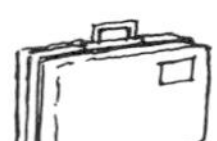 ?
Un homme Oui! Merci beaucoup.

3 **Employée** Bonjour madame. Qu'est-ce que vous avez perdu?
Une femme Bonjour, j____ p____  .

Employée Comment est votre  .
Une femme Il est

Je l'ai perdu  .

Employée Quand est-ce que vous l'avez perdu?

Une femme Peut-être ce m____ vers  .

Employée Je regrette, nous n'avons pas de  rouges. Revenez demain.

Une femme Merci, au revoir.

E *Choose one of the conversations in* **D** *to write out in full and then with a partner make up and act out your own conversation. Decide what you have lost and when and where and also whether it has been found or not.*

F *Finally, how to get your message across if you have forgotten the exact French word for something.*

(*a*) C'est une boisson blanche, elle vient de la vache, qu'est-ce que c'est?
(*b*) Cela sert à écrire et il y en a en beaucoup de couleurs.
(*c*) C'est une machine dans la cuisine; cela sert à préparer les repas.
(*d*) Ils sont en métal et ils servent à couper le papier.
(*e*) Elle est en métal et elle sert à fermer la porte.
(*f*) C'est un animal brun, blanc ou noir et on peut se promener sur lui.
(*g*) C'est une sorte de médecin, mais on va le voir quand on a mal aux dents.
(*h*) C'est quelque chose qui sert à nettoyer un tapis.

Choisissez la bonne réponse:
la clef, le dentiste, la cuisinière, le lait, les ciseaux, le cheval, l'aspirateur, le crayon.

sert à	*is used for*	**les ciseaux**	*scissors*
couper	*to cut*	**laine**	*wool*
un tapis	*carpet*	**carré**	*square*

G *With a partner try some similar descriptions. Place any four objects in front of you and describe one of them in French. See if your partner can correctly decide which of them you are describing. Remember to say what it is made of.*

C'est quelque chose	en métal, en plastique, en bois, en papier, en laine, en coton, etc.
its colour	c'est bleu, rouge, jaune, etc.
its size	c'est assez grand, petit, long, carré, rond, etc.
what it's used for	cela sert à . . .

(or if you are describing a person — c'est quelqu'un qui . . .)

Make up descriptions of the following things:
(*a*) le couteau (*b*) le pantalon (*c*) le timbre (*d*) l'ouvre-bouteilles
(*e*) la machine à laver (*f*) le sucre (*g*) les aspirines.

H *Words, words, words!*
Have you noticed that some of the things you have been describing contain part of a verb? This should help you to make an intelligent guess at the word's meaning. Can you work out what the following things are? (Note that nouns containing verbs are always masculine.)

(*a*) un ouvre-lettres (*b*) un porte-vêtements (*c*) un ouvre-boîtes (*d*) un porte-savon
(*e*) un porte-voix (*f*) un porte-bagages (*g*) un porte-chapeaux
(*h*) un porte-cigarettes (*i*) un ouvre-bouteilles (*j*) un porte-bonheur
(*k*) un porte-serviettes.

savon	*soap*
bonheur	*happiness*

I *In class have a quiz in which everyone tries to guess what you or your teacher is describing. First limit yourself to things in the classroom, then when you become good at this, try anything you know.*

If you want to give an extra clue tell the class what letter the word begins with:
il commence avec la lettre . . .
(You may need to check with your teacher if you have forgotten your alphabet in French.)
Bonne Chance!

Extra Reading

Look at the extract from rules for scouts when on expeditions, and then complete the gaps in the English summary that follows it.

I. En exploration it faut :

- Rester en uniforme impeccable. Soigner la présentation.
- *Respecter les propriétés, le silence et le calme.*
- *Le Scout est poli, courtois et chevaleresque.*
- Respecter la nature, les plantes et les animaux, même si un beau trophée doit vous échapper.
- *Répartir astucieusement les missions entre les patrouillards ou équipiers.*
- *Partir sans laisser de traces si ce n'est dans le cœur des personnes rencontrées.*
- Ne jamais oublier de contacter : les maires, les curés, les instituteurs, les gendarmes, les secrétaires de mairie. Ils savent tout sur leur région.
- *Chercher le maximum de contact avec les habitants.*
- *Respecter les horaires.*
- Garder sourire et bonne humeur.

propriétés *property*
poli *polite*

Always wear smart uniform. Be careful of your .... Take care of ...., keep quiet and behave sensibly. Scouts are ...., courteous and willing to help others.

Always remember to make contact with ...., clergymen, teachers, ..., and local officials. They know everything about their area.

Keep smiling and remain cheerful. Leave without .... except in the good memories of the people you meet.

Make careful notes in a .... which can be kept in .... Cut out and stick in your notebook .... (from Information Offices and council offices), ..., etc.

14 Bus et Métro à Paris

1 Le 12 juillet David et Didier sont partis pour la Gare du Nord pour récupérer le sac de David. Didier a expliqué comment fonctionnent les transports parisiens.

En Bus

2

Didier Nous voici à l'arrêt d'autobus. Tu regardes le plan et tu vois qu'il y a cinq sections pour aller d'ici jusqu'au Fort d'Aubervilliers. Pour trois à cinq sections, tu dois avoir deux tickets. Maman a acheté un carnet de dix tickets pour toi hier.
David Les tickets de métro et de bus sont les mêmes?
Didier Oui. Voilà le bus qui arrive. Tu mets tes tickets dans le composteur. Vas-y.
David Mais toi, tu n'as pas de tickets?
Didier Non, j'ai une carte orange.

En métro

3

Didier A partir d'ici, nous prenons le métro. Tu regardes le plan et tu vois que les lignes ont des numéros et aussi les directions. Voici la ligne 7, Fort d'Aubervilliers-Mairie d'Ivry. Tu prends la direction Mairie d'Ivry et à Stalingrad tu fais la correspondance avec la ligne 5, direction Place d'Italie.
David Je dois avoir deux tickets?
Didier Non, un seul ticket suffit pour tout le réseau du métro.

(*a*) Can you explain how the ticket system works on the Paris suburban bus system? (How many tickets would be needed for less than 3 sections? How do you obtain booklets of tickets? Can tickets in the booklet be used only by the person who buys them? What is a common way for regular travellers to avoid having to buy a ticket each time they travel? How are the tickets cancelled when used?)
(*b*) How does one know which metro line to follow? (Note what Didier explains about numbers and directions.)
(*c*) How does the ticket system differ from that on the buses? In what way is it the same?

Conversation

In this unit you will learn all you need to know about travelling on public transport — buses, trains and the metro.

TRAVELLING BY BUS

A *First check that you are catching the correct bus:*

1 **Jean-Louis** C'est bien le bus pour le stade, s'il vous plaît?
Le conducteur Oui, il part dans cinq minutes.

2 **Marie-Claire** C'est bien le car pour Strasbourg?
Le conducteur Non, c'est le car là-bas, numéro 17.

B *Now to buy a ticket:*

Sylvie Un ticket, s'il vous plaît.
Le conducteur Oui. Vous allez où?
Sylvie À la gare.
Le conducteur Bon, ça fait 3 francs 30.
Sylvie Merci.

C *Finding out information:*

1 **Jean-Claude** A quelle heure part le car pour Paris?
L'employé Le prochain car part dans cinq minutes à onze heures quinze, et un autre à midi.
Jean-Claude Et le car de onze heures quinze arrive à quelle heure?
L'employé Il arrive à treize heures vingt.

2 **Pascale** Excusez-moi, madame. Quel est le numéro du bus pour aller à la place du marché, s'il vous plaît?
Une dame La place du marché . . . c'est numéro dix. Il arrive en dix minutes.
Pascale Merci, madame.

Practise saying when the following coaches leave and arrive. Use the twenty-four hour clock. The first one has been done for you.

		Départ	*Arrivée*
(*a*)	PARIS	9.15	11.45
(*b*)	STRASBOURG	12.25	14.30

		Départ	*Arrivée*
(*c*)	NICE	17.30	20.10
(*d*)	AVIGNON	22.55	23.35

Le prochain car pour Paris part à neuf heures quinze et arrive à onze heures quarante-cinq.

☆ **D** *Now practise finding out the following information. Working with a partner, both copy the following timetable down into your books. The last column is for the price of the ticket. Then decide which of you works in the information office and that person fills in the missing times and prices but keeps this information hidden from his or her partner. The object is for the customer in the information office to find out the missing times and prices by asking questions and then fill in the gaps in his or her timetable.*

	DÉPART	*ARRIVÉE*	*LE PRIX*
Rouen		11.10	25 fr. 10
Cannes	5.25		
Toulouse	17.40		13 fr. 60
Belfort		10.09	
Menton			

Here is the first question you might ask:
A quelle heure part le car pour Rouen?
When you have finished compare notes to see if the message was passed on correctly.

TRAVELLING BY TRAIN

E *Buying a ticket*

1 **Claude** Bonjour. Deux aller et retour pour Nice, s'il vous plaît.
L'employée Première ou deuxième classe?
Claude Deuxième classe, s'il vous plaît.
L'employée Ça fait 80 fr. 50.
Claude Voilà.

2 **Paulette** Un aller simple pour Bordeaux, s'il vous plaît, deuxième classe.
L'employé Oui, voilà. 17 fr. 30, s'il vous plaît.
Paulette Merci. C'est quel quai?
L'employé Pour Bordeaux . . . c'est quai numéro trois.

3 **Marie-Claire** Trois aller et retour, s'il vous plaît, pour Lille, deux adultes et un enfant.
L'employé Deuxième classe?
Marie-Claire Oui, s'il vous plaît.
L'employé Ça fait 49 fr. 60.
Marie-Claire A quelle heure part le prochain train pour Lille?
L'employé Il y a un train à 11.35 et aussi à 11.55 de quai numéro 1.
Marie-Claire Merci beaucoup.

F *From these three conversations pick out the phrases which mean the following:*

a single ticket 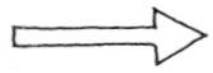

a return ticket 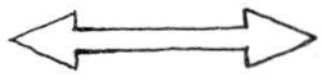

first class 

which platform is it? 

second class 

what time does the next train leave? 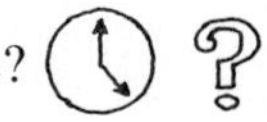

platform number one 

How would you ask for the following tickets:

(*a*) 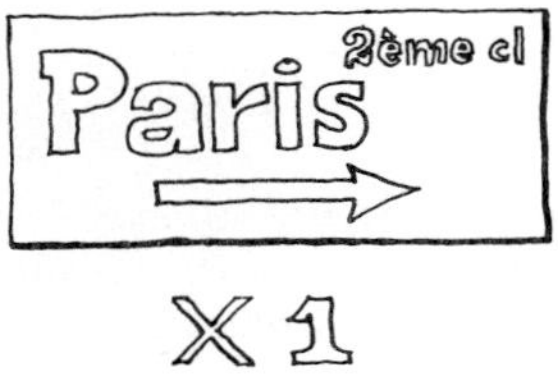

(*b*) 

(*c*) 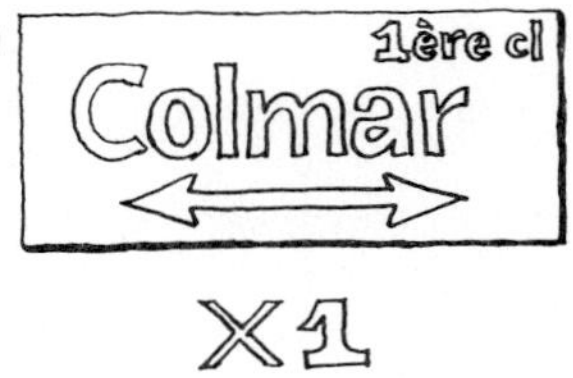

(*d*) 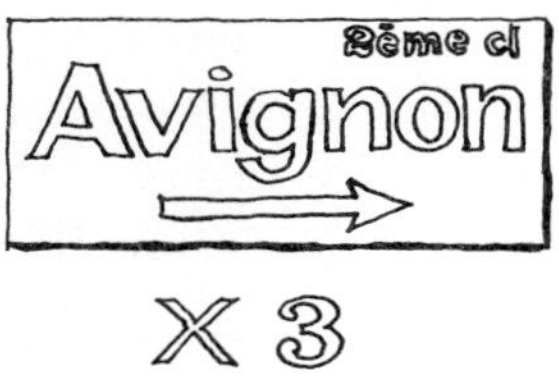

(*e*) 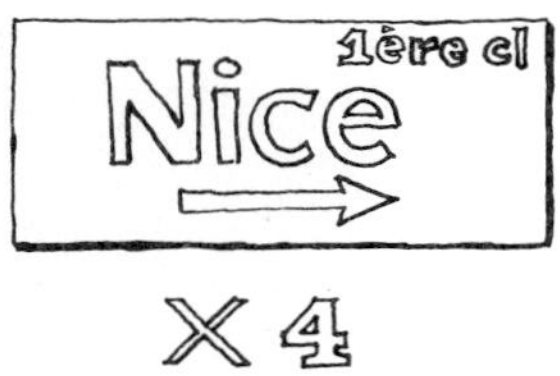

G *Now practise these two longer conversations, buying tickets at a station and finding out information.*

(*a*) **Philippe** Bonjour. Je voudrais 

, s'il vous plaît.

L'employé Oui, voilà. Ça fait 18 francs 60.

Philippe Merci,  le prochain train pour Strasbourg?

L'employé Le prochain train pour Strasbourg part à 20 heures 25.

Philippe 20 heures 25, bien, et 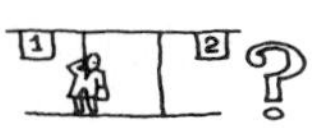

L'employé De  .

(*b*) **Marie** Bonjour. Je voudrais 

, s'il vous plaît. C'est combien?

L'employé C'est 55fr. 60.

Marie Voilà  le prochain train pour Lille?

L'employé À 9.10 et puis à 9.30, de  .

Marie  . Merci, monsieur.

☆ **H** *See if you would cope in these situations. Try to remember what to say without looking back to the previous conversations if possible. Your partner will decide on the answers you will receive. Write down any information you are given so you do not forget it.*

(*a*) You want four return tickets 2nd class to Versailles. You need to know the price of the tickets and what platform it is for Versailles.

(*b*) You want two single tickets to Montpellier, 2nd class. You need to know the price of the tickets, when the next train leaves, from which platform, and what time it arrives in Montpellier.

(*c*) You want one return ticket to Bordeaux. Find out the price for 1st and 2nd class, decide which you can afford and ask when the next train leaves.

(*d*) With your partner make up your own conversation at the ticket office. Perhaps you could imagine that you are very late and about to miss the train, that the person in the ticket office is very slow and that you keep forgetting to ask him or her vital information such as which platform you need. If you do miss the train you might like to say: **'Ah zut! Ça alors, j'ai manqué le train. . . .'**

TRAVELLING BY MÉTRO

Using the métro, the underground railway system in Paris, is fairly easy. However far you travel it is one price, so buying tickets is easy. Most people buy a **carnet** (a book of tickets) in advance to save money and then just cancel the ticket at the beginning of each journey.

By reading Page 100 of your pupil's book carefully you should be able to cope with travelling on the métro.

☆ **I** *Try the following situations with your partner:*

(*a*) Ask for a book of tickets second class. Find out the price.

(*b*) Buy one ticket, second-class. Find out the price.

(*c*) Ask how to get to Concorde station. You are told that you have to change at Charles-de-Gaulle, take the direction of Créteil-Préfecture and that Concorde is the fourth station.

Note that a station on the métro is like the English — **une station**, whereas on the general railway system, the **SNCF**, a station is called **une gare**.

Extra Reading

CONNAÎTRE PARIS AVEC L'AUTOBUS

By using the information contained in these two tables, work out the buses and/or métro services you would use to make the following journeys. If you choose to use a métro, you will have to know the names of the stations at both ends of the journey, and will need to use the plan printed on page 100 of the Pupil's Book.

1 Sorbonne to Hôtel de Ville.
2 Louvre Museum to Gare Montparnasse.
3 Tour Eiffel to Panthéon.
4 Bastille to Tour Saint-Jacques.
5 Maison de la Radio to Gare du Nord.

Monuments

ARC DE TRIOMPHE DU CARROUSEL	Place du Carrousel	Palais-Royal	27.39.48.68.69.95
ARC DE TRIOMPHE DE L'ETOILE	Place Ch.-de-Gaulle	Ch.-de-Gaulle-Etoile	22.30.31.52.73.92
ARÈNES DE LUTÈCE	49, rue Monge	Monge	47.67.89
BASTILLE	Place de la Bastille	Bastille	20.29.65.69.76.86.87.91
BOURSE (LA)	Place de la Bourse	Bourse	20.29.39.48.67.74.85
GRAND-PALAIS	Av. Winston Churchill	Champs-Elysées-Clem.	28.42.49.72.73.83
HÔTEL DES INVALIDES	Esplanade des Invalides	Latour-Maubourg	28.49.63.69.82.83.92
HÔTEL DE SENS	1, rue du Figuier	Pont-Marie	67
HÔTEL DE VILLE	Place de l'Hôtel de Ville	Hôtel de Ville	38.47.58.67.69.70.72 74.75.76.96

ILE SAINT-LOUIS		Pont-Marie	24.63.67.86.87
MOSQUÉE	Place du Puits de l'Ermite	Censier-Daubenton	67.89
PALAIS-BOURBON	Place du Palais-Bourbon	Ch. des Députés	24.63.73.83.84.94
PALAIS DE CHAILLOT	Place du Trocadéro	Trocadéro	22.30.32.63.82
PALAIS DES CONGRÈS	Porte Maillot	Porte Maillot	73.82.PC
PALAIS DE L'ÉLYSÉE	55, rue du Fg-St-Honoré	Champs-Elysées-Clem.	52
PALAIS DE JUSTICE ET STE CHAPELLE	Bd du Palais	Cité	21.24.27.38.85.96
PALAIS-ROYAL	Place du Palais-Royal	Palais-Royal	21.27.39.48.67.69.72 74.81.85.95
PANTHÉON	Place du Panthéon	Luxembourg	84.89
QUARTIER DU MARAIS		Saint-Paul	29.69.76.96
RADIO-FRANCE	116, av. du Pdt-Kennedy	Ranelagh	22.52.70.72
SORBONNE	Place de la Sorbonne	Odéon	21.27.38.63.85.86.87
TOUR EIFFEL	Place du Champs-de-Mars	Trocadéro	42.69.80.82.87.92
TOUR MONTPARNASSE	33, av. du Maine	Montparnasse-Bienv.	28.48.58.82.91.92 94.95.96
TOUR SAINT-JACQUES	39-41, rue de Rivoli	Châtelet	21.38.47.58.67.69.70 72.74.75.76.81.85.96
UNESCO	Place de Fontenoy	Cambronne	49

Pour trouver votre ligne

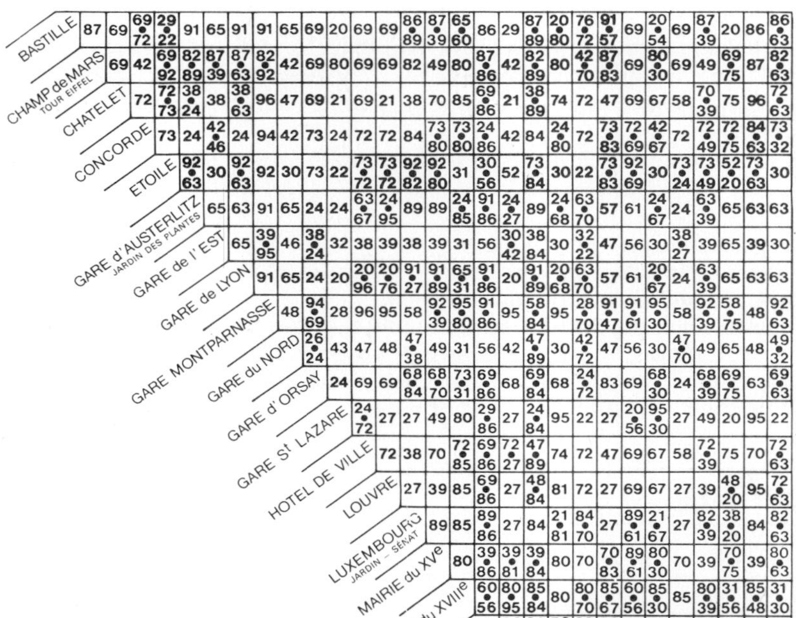
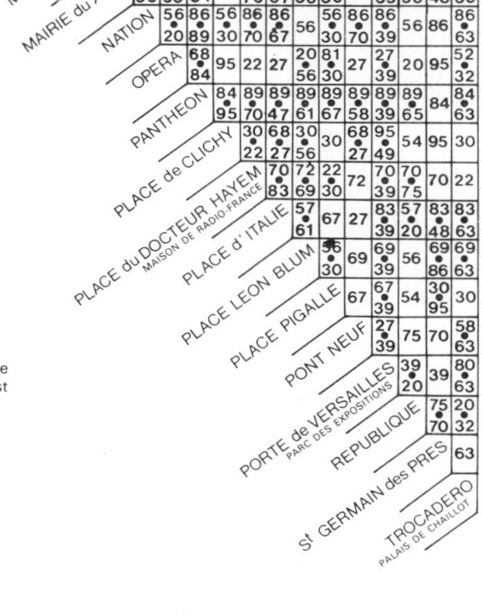

le parcours *journey*
comporte *contains*

suivez cet exemple.

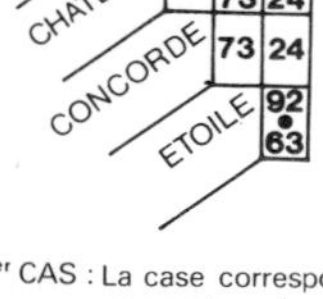

1er CAS : La case correspondant au trajet désiré ne comporte qu'un numéro: le parcours est direct.
Exemple : Châtelet – Concorde 72
Concorde – Châtelet 72

2e CAS : La case comporte deux numéros: Il faut changer d'autobus
Exemple : Châtelet – Étoile 72 puis 73
Étoile – Châtelet 73 puis 72

15 Paris—ville historique

Un jour pendant sa visite, David est allé voir les monuments historiques de Paris, avec Didier. Ils sont partis d'abord pour la Tour Eiffel.

Ils sont sortis du métro à la station Bir-Hakeim. Quand David a vu la Tour Eiffel de près, il a été très surpris par sa couleur (elle est brune) et par sa grandeur (plus de 300 mètres de haut).

L'architecte, Gustave Eiffel, a construit la tour pour l'exposition universelle de 1889. C'était le plus grand bâtiment du monde. Maintenant la tour a aussi le rôle d'émetteur de radio, et on l'a restaurée en 1985. Elle est vraiment le symbole de Paris aux yeux des touristes.

Le deuxième monument que David voulait voir était l'Arc de Triomphe de l'Étoile. L'Arc se trouve au milieu d'une place énorme, où douze avenues se rencontrent. Quelle circulation! David n'avait jamais vu autant de voitures. La place s'appelle place Charles-de-Gaulle, comme l'aéroport de Roissy. De Gaulle était un grand soldat pendant les deux guerres mondiales et dans les années 60, il était Président de la République.

Dans la salle d'exposition à l'intérieur du sommet de l'Arc, le guide a expliqué l'histoire. L'Arc a été construit par Napoléon Bonaparte pour célébrer ses armées. Après sa défaite à Waterloo en 1815, on a abandonné ce projet. Plus tard, sous Napoléon III, on a construit le reste de l'Arc. En bas, il y a le tombeau du soldat inconnu, et dans la salle d'exposition, on trouve des documents et un film qui montrent le rôle important de l'Arc dans la vie nationale de la France.

True or false?

1. David went to see the sights on his own.
2. The Eiffel Tower is brown.
3. The tower is named after its designer.
4. It is the tallest building in the world.
5. It was destroyed in 1985.
6. Twelve avenues meet at the Arc de Triomphe.
7. De Gaulle was President of France in the 1860s.
8. The exhibition room is inside the foot of the arch.
9. Napoleon was defeated in 1815.
10. The Arc was completed during the reign of Napoleon III.
11. Below it is the tomb of the unknown soldier.
12. The Arc plays no part in the national life of France.

Conversation

In this unit you will learn what to say when buying tickets for museums or monuments and also how to find out when they open and close. Secondly you will learn how to cope at the cinema in France.

VISITING MUSEUMS AND MONUMENTS

A *You first need to read any signs or notices to find out the cost of entry and also whether there are any reductions. Read the information given on page 72 and link it up with the correct notice.*

(*a*) Pour les adultes c'est trois francs cinquante et les enfants deux francs. Il y a des réductions pour les étudiants et pour les militaires — deux francs cinquante.

(*b*) Pour les enfants jusqu'à quinze ans c'est quatre francs. Pour les adultes c'est six francs. Il n'y a pas de réductions.

(*c*) L'entrée c'est dix francs plein tarif et pour les enfants et étudiants (avec carte) demi-tarif.

(*d*) Plein-tarif c'est quinze francs. Pour un étudiant c'est douze francs et pour les groupes d'enfants on paie six francs. Pour les moins de sept ans c'est gratuit.

militaires	*soldiers*

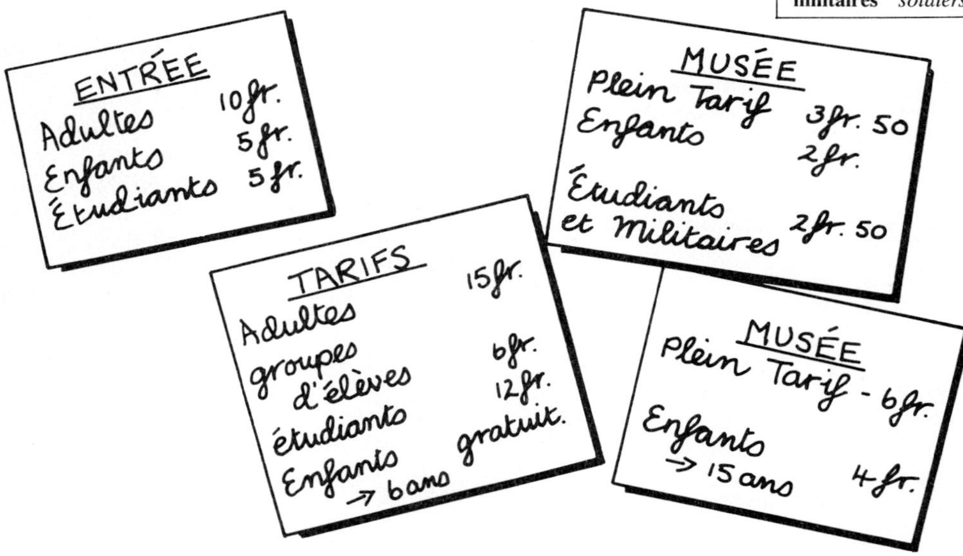

CONVERSATION À LA CAISSE

1 **Vous** Bonjour, nous sommes deux adultes et un enfant. Ça fait combien?

Caissière Deux adultes — ça fait vingt-quatre francs. Un enfant c'est six francs. Trente francs en tout, s'il vous plaît.

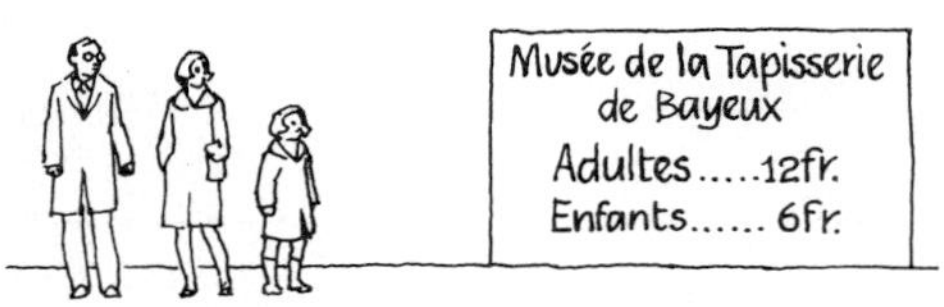

2 **Vous** Bonjour, monsieur. Nous sommes un adulte et trois enfants. Ça fait combien?

Caissier Un adulte c'est huit francs, trois enfants ça fait douze francs. Vingt francs en tout, s'il vous plaît.

☆ *With a partner imagine you are part of the following families buying tickets for a museum. Find out how much it will cost. Your partner will give you the information according to the prices given on the sign.*

(*a*)

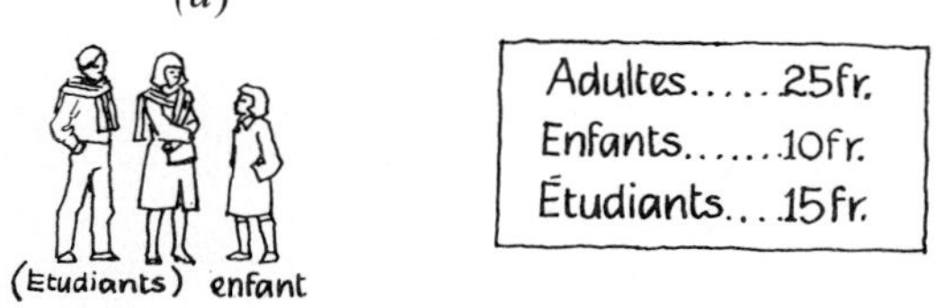

(*b*)

(*c*)

(*d*)

(*e*)

Note *In conversations* (*d*) and (*e*) **caissier** *will have to find out the age of the children:* **Quel âge ont les enfants?**

C Ouvert ou fermé

(C'est mardi, onze heures dix)

1 **Vous** Le musée est ouvert?
Gardien Oui, le musée est ouvert **de** dix heures **à** midi.

(C'est lundi, dix heures vingt-cinq)

2 **Vous** Le musée est ouvert?
Gardien Non je regrette, c'est fermé. Normalement c'est ouvert de neuf heures à dix-sept heures mais aujourd'hui c'est lundi.

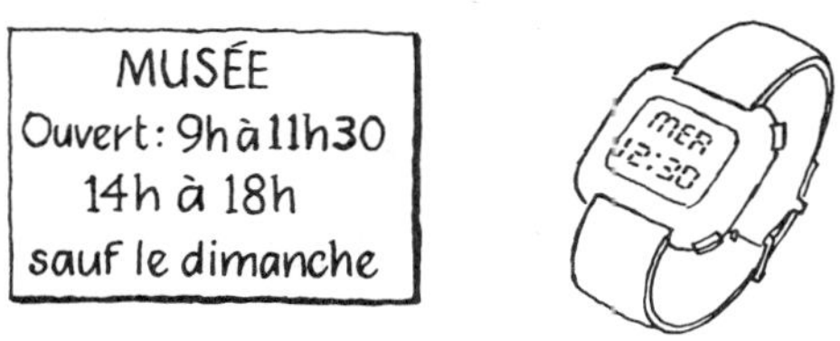

3 **Vous** Le musée est ouvert?
Gardien Non je regrette, mais c'est ouvert de 14h à 18h cet après-midi.

With a partner practise finding out whether a museum is open or not. The watch will tell you the day and time when you are asking.

(*a*)

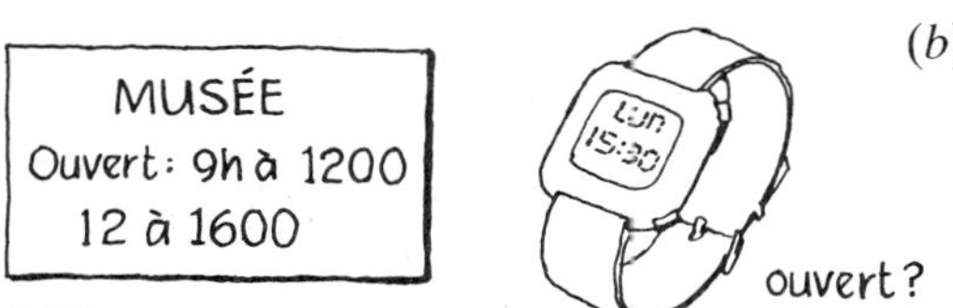

(*b*)

(*c*)

(*d*)

AU CINÉMA

D *First decide which film you would like to go and see. Read this conversation where the Martin family is discussing their likes and dislikes in films and from the posters decide which film each person would probably most like to go and see.*

1 **Mme Martin** Allons au cinéma.
M. Martin Oui, bonne idée. Quel film est-ce qu'on va voir?
Mireille Moi, je préfère les films d'espionnage.
Jean-Paul Moi, je déteste les films d'espionnage, je voudrais voir un Western.
M. Martin Je voudrais voir un film d'épouvante.
Mme Martin Moi, je préfère les films policiers ou les films d'aventures.
Sylvie Je voudrais voir les dessins animés ou un film d'amour.
Mme Martin Bon, c'est impossible, restons à la maison et regardons la télé!

épouvante *horror*
une poignée *fistful*

E *Having decided on the film, you now need to be able to buy the ticket.*

2 **L'employée** Oui, mademoiselle?
Vous Deux places, s'il vous plaît.
L'employée Au balcon ou à l'orchestre?
Vous À l'orchestre, s'il vous plaît.
L'employée Ça fait 20 francs, s'il vous plaît.

BALCON.....12fr
ORCHESTRE..10fr

3 **Vous** Bonjour. Je voudrais trois places au balcon, s'il vous plaît.
L'employé Vous avez quel âge?
Vous J'ai quinze ans.
L'employé Ah je regrette, le film est interdit aux jeunes de moins de seize ans.

Balcon.....15fr.
Orchestre..11fr.
Interdit aux moins de 16ans

4 **Vous** Je voudrais deux places au balcon, s'il vous plaît. Ça fait combien?
L'employée 32 francs, s'il vous plaît.
Vous Voilà. A quelle heure commence le film?
L'employée La séance commence à dix-huit heures et finit à vingt heures.
Vous Merci.

BALCON.......16fr
ORCHESTRE....12fr
18.00 — 20.00

la séance *performance*

Now it's your turn. You need to find out the following information. Your partner will give you the answers working from the signs at the cinema. In the second two you can make up the details yourselves.

(*a*) You want to find out the cost of two seats upstairs for the *Towering Inferno*. Also you need to know when the film ends.

(*b*) You have 15 francs to spend to go and see the film *Aéroport*. Find out if you can afford to go upstairs. Buy a ticket and check when the film starts.

(*c*) Your family has decided to go and see *Star Wars* in France. Ask for tickets for two adults and three children downstairs. Find out when the performance starts and ends.

(*d*) You want to go and see *Rocky 2* with your French penfriend. Find out what time it starts and if you can afford a ticket — you only have 12 francs each. (Finding out if there are any reductions might help.)

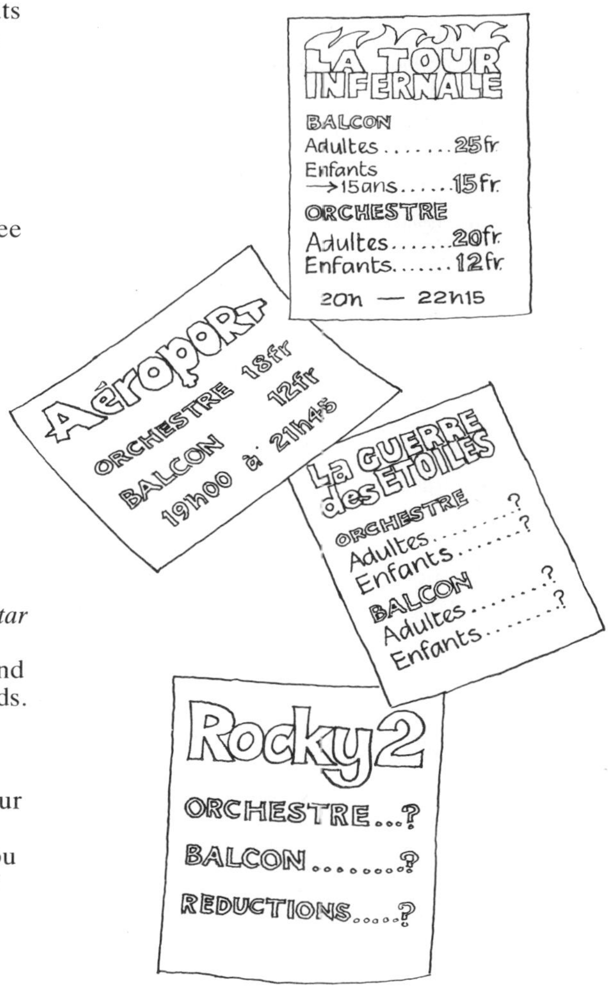

Finally, a few other hints. If you go to see a film in France, check whether it is an English or American film still in English with French subtitles — **Version originale avec sous-titres (v.o.)**, or with a French soundtrack – **Version française (v.f.)**.

In French cinemas you are expected to give a tip **(un pourboire)** to the usherette **(l'ouvreuse)** when she shows you to your seat. One or two francs will do.

★ **F** *Now you should be ready to visit a cinema in France. Working in a group act out two scenes, firstly where you discuss what type of film you would like to see, then at the cinema itself. Make sure you buy the correct number of tickets and know when the film will start and end. Decide the details yourselves and try to improvise so you do not need to use any books.*

Extra Reading

When in Paris, most tourists do not want to spend all their times in museums! Here are some details of the parks and gardens where it is possible to relax. Read the information and answer the questions below. For some questions, more than one answer is correct.

parcs et jardins

Bois de Boulogne
Restaurants, cafés et kiosques rappellent la Belle Époque.
Vous pourrez vous promener à travers ses 865 ha de bois et pelouses et canoter sur l'un des 7 lacs.
Entre les champs de courses de Longchamp et d'Auteuil, la Grande Cascade demeure le rendez-vous d'été des Parisiens.

Parc de Bagatelle
A la limite du Bois de Boulogne, ce parc (qui s'étend sur 24 ha) vous offre en juin, des roseraies (Concours international de Roses) et sur son étang, les collections de nénuphars.
Tous les jours de 8 h 30 à 18 h 30. En hiver, 8 h à 18 h.
Tél.: 624.67.00. Métro: Pont de Neuilly. Autobus: 43, 144.

Bois de Vincennes
A l'est de Paris: 929 ha.
En plus de son champ de courses, de ses 3 lacs, de son parc zoologique, le Bois de Vincennes possède un magnifique Parc Floral. Tél.: 374.60.49 (de 9 h 30 à 18 h, jusqu'à 17 h en hiver) où vous trouverez des jardins fleuris, le Pavillon de la Nature, des Arts, de l'Horticulture et de l'Art du Jardin. Zoo. Tél.: 343.84.95, *de 9 h à 18 h (17 h 30 l'hiver et 18 h 30 le dimanche).* Métro: Porte Dorée.

Parc des Buttes-Chaumont
Du petit temple qui couronne l'île située au milieu de son lac, on a une vue étendue sur Montmartre et la plaine Saint-Denis. Métro: Botzaris ou Buttes-Chaumont.

Jardin du Palais-Royal
Planté de tilleuls et d'ormes, ce long et beau jardin bordé d'arcades qu'animent de charmantes boutiques, est une oasis de verdure au cœur de Paris à deux pas de l'Avenue de l'Opéra.

Parc Monceau
Derrière les belles grilles du XIXe siècle, longeant le boulevard de Courcelles, s'étend le Parc Monceau, vestige d'un jardin merveilleux du 18e (pagodes-fausses ruines), très apprécié au cours du siècle dernier.

Jardins Albert-Kahn
6, quai du 4-Septembre. (92) Boulogne. Tél.: 603.31.83.
Plusieurs types de paysages sont représentés (jardins français et japonais, forêt vosgienne).
Ouvert tous les jours de 14 h à 18 h du 1er mai au 15 novembre. Fermeture à 19 h les samedi, dimanche et fêtes. Métro: Porte de St-Cloud, Porte d'Auteuil. Bus: 72, 52.

Jardin d'Acclimatation
Bois de Boulogne. Tél.: 624.10.80.
De 9 h à la tombée de la nuit.
Métro: Sablons, Porte Maillot. Un monde d'amusements: Parc d'attractions, zoo pour les petits, dauphins, train, théâtre pour enfants, bowling, golf miniature, restaurants, salon de thé, piste de patins à roulettes, bateaux.

Jardin des Plantes
57, rue Cuvier. Tél.: 336.14.41. Son jardin botanique aux 10 000 espèces de plantes et le plus vieil arbre de Paris: un robinier vieux de plus de 300 ans. Sa ménagerie, son aquarium et son vivarium où la variété et la beauté des espèces animales font de cette visite une promenade enrichissante pour tous.

ha *hectares*
canoter *to go boating*
lacs *lakes*
roseraies *rose-gardens*
île *island*
étendue *extensive*
bordé *lined*
apprécié *popular*
au cours de *during*
dauphins *dolphins*
un robinier *ornamental tree*

1 Which park is described as being long and beautiful, lined with covered arcades?
2 Where would you find rose-gardens in June?
3 Where are there lakes and forests?
4 Why would children like the Jardin d'Acclimatation?
5 Where would you find the oldest tree in Paris?
6 When does the Parc Floral in the Bois de Vincennes close on Saturdays in winter?
7 How would you reach the Parc de Bagatelle by public transport?
8 Which park was very fashionable in the last century?
9 Describe the situation of the Parc des Buttes-Chaumont.
10 Which park seems the most attractive to you? Why?

16 La fête nationale

Look at sections 4 to 7 of the story of this unit in the pupil's book, pages 112–113, and answer these questions.

1. What does M. Martin ask for as he enters the restaurant?
2. Describe the situation of the table they choose.
3. What drinks do they have before eating?
4. List the dishes chosen for the second course.
5. What does the waiter explain about the steaks?
6. What does he think about the way British people like their steaks?
7. What does he recommend them to drink and why?
8. Give the details of their chosen sweets.
9. Draw up their bill. How will it look?
10. What does the waiter say when M. Martin gives him 250 francs?

Conversation

You have already learnt in Unit 1 how to order a drink and a snack in a French café; in this unit you can be more adventurous and order a full meal.

AU RESTAURANT

A *Getting a table*

At lunchtime French restaurants are often very crowded, so getting a table is not as easy as it sounds. You may have to wait a few minutes to get a seat.

1

Roger Bonjour, une table pour deux, s'il vous plaît.

Le garçon Oui. Voici une table libre dans le coin.

Roger Merci.

2

Simone Une table pour quatre, s'il vous plaît, monsieur.

Le garçon Je regrette, nous n'avons pas de tables en ce moment.
Vous pouvez attendre cinq minutes?

Simone D'accord.

3

Michelle Une table pour sept, s'il vous plaît.

Le garçon Oui, mademoiselle.
Voici une grande table libre là-bas, près du bar.

B *Ordering your starter and main course*

Roger La carte, s'il vous plaît.
Le garçon Voilà.

La Carte

Soupe à l'oignon	14·20
Potage aux champignons	14·40
Hors d'oeuvres	
Oeuf dur mayonnaise	12·50
Pâté 10.00 melon	14·30
crudités 9·75 jambon	15·60
Viandes	
Rôti de boeuf	38·70
Coq au vin	32·40
Rôti de veau	42·50
Canard à l'orange	37·00
Poulet rôti	29·90
Steak - frites	33·00
Côte de porc	36·60
Omelettes	
Omelette au fromage	21·00
Omelette nature	18·50
Omelette au jambon	22·50
Légumes	
Salade	9·00
haricots verts	8·50
Pommes frites	11·00
Purée de pommes de terre	9·00
Petits pois	10·50
Chou-fleur	12·00
Tomates	9·35
Carottes	8·50
Fromages	
Roquefort	13·00
Chèvre	13·00
Camembert	13·00
Desserts	
Glaces	15·60
Pâtisseries	17·00
Fruits	12·00
Tarte aux pommes	14·00

Service et Taxes Compris

l'oignon *onion*
potage *soup*
champignons *mushrooms*
viande *meat*
bœuf *beef*
rôti *roast*
veau *veal*
poulet *chicken*
nature *plain*
haricots *beans*
petits pois *peas*
chou-fleur *cauliflower*
chèvre *goat*
pâtisserie *cake*

Roger Je voudrais de la soupe à l'oignon, puis du poulet rôti avec de la purée de pommes de terre et des haricots verts.
Paulette Et moi je prends du pâté, puis une côte de porc avec des petits pois et des pommes frites.

What did Roger and Paulette choose for their meal?
Practise ordering the following meals:

1 mushroom soup, roast beef with green beans and chips.
2 a mixture of uncooked vegetables followed by duck and orange with cauliflower and mashed potatoes.
3 egg mayonnaise, ham omelette, chips and carrots.

C *Set menus*

A cheaper way to buy a meal is to order a set menu which is at a fixed price. You have a choice of one starter (**hors d'œuvres**), one main course with vegetables, and usually a dessert or cheese. The advantage of this is that you always know exactly in advance how much the whole meal will cost.

<u>Menu à 45 francs</u>

Melon

Pâté Maison

Tomates en salade

....

Biftek - frites, salade

Poulet rôti - petits pois, pommes vapeur

Côte de porc - frites, haricots verts

....

Fromage ou fruit ou glace ou pâtisserie

Boisson en supplément

Service compris

vapeur *boiled*

Practise ordering your own meal from this menu — one from each section.

D *Ordering a dessert and cheese*

The French have many delicious desserts and cheeses to choose from.

Alain Moi, je prends une tarte aux pommes.
Colette Je voudrais du camembert, s'il vous plaît.
Simone Je prends une glace — qu'est-ce que vous avez comme parfum?
La serveuse Des glaces au chocolat, à la fraise, à la vanille et à la noisette.
Simone Une glace à la noisette, s'il vous plaît.

What do they each order?

la fraise *strawberry*
la noisette *hazelnut*
une carafe maison *jug of house wine*

E *Something to drink?*

Le garçon Et comme boisson, monsieur?
Jean Et qu'est-ce que vous avez comme vin?
Le garçon Nous avons une carafe maison — rouge, blanc et rosé, et voici la carte des vins en bouteille.
Jean Je voudrais une carafe de blanc, s'il vous plaît. Et toi, Elisabeth?
Elisabeth Je prends une demi-bouteille de Beaujolais, s'il vous plaît.
Colin Et pour moi une bière, s'il vous plaît.

In Unit 1 there are a number of other drinks you could try.

F *A Coffee and the bill*

La serveuse Vous prenez du café, madame?
Marie Oui, s'il vous plaît, trois cafés pour nous et l'addition, s'il vous plaît.
La serveuse Voilà. Avec les trois cafés, ça fait 118 fr 75.
Marie Le service est compris?
La serveuse Oui, madame.
Marie Où sont les toilettes?
La serveuse Au sous-sol, madame.

G *Are you ready to order?*
Try matching up these useful expressions in a restaurant with their English equivalents.

haricots verts	*the bill*
des crudités	*I'll have*
comme boisson	*roast chicken*
quel parfum	*green beans*
le poulet rôti	*uncooked vegetables*
une table libre	*drinks extra*
service compris	*the menu*
l'addition	*vegetables*
à la fraise	*what flavour*
dans le coin	*as a drink*
je prends	*service included*
légumes	*a free table*
boisson en supplément	*strawberry*
la carte	*in the corner*

★ **H** *Working in a group, improvise a scene in a restaurant. You could design your own menu, then act out what happens. Remember to include asking for a table, ordering a starter, a main course with vegetables, a dessert and perhaps some cheese, and something to drink. Find out the bill and do not forget to check whether the service is included, and where the toilets are. You could ask your teacher or French assistante to play the part of the waiter or waitress when you have practised ordering your food.*
BON APPÉTIT!

Extra Reading

ORLY SUD

RESTAURANTS Tél: 726.03.10

Au 3e étage, par les escalators

- Un restaurant de luxe "Les Trois Soleils" (ouvert de 11 h 45 à 15 h et de 18 h 45 à 22 h 30).
  Menu "Hommes d'affaires" à 180 F (service compris), sauf dimanche et fêtes.
  Dimanche et fêtes: Menu gastronomique à 200 F (service et boisson en sus).
- "Le Tournebroche" (mêmes heures).
  Menu à 120 F (service et boisson en sus).
- Un restaurant touristique "Les Horizons" (repas entre 11 h 30 et 15 h et entre 18 h 30 et 22 h 30).

  Menus "table ouverte" à 90 F et 137 F (service et boisson en sus).
- Un Snack-Bar "Caravelle" ouvert sans interruption de 11 h à 22 h 30.
  Menu à 43,50 F (service et boisson en sus).

Au 2e étage (passagers en transit seulement)

- Un restaurant "Orly"
  (ouvert de 7 h à 22 h 30).
  Sandwichs au bar 24 h sur 24.
  Petits déjeuners de 7 h à 10 h 30.

Au 4e étage

- Une brasserie "Au Quatrième" (de 7 h à 23 h 30).
  Menu à 45,60 F (service et boisson compris).
  Petit déjeuner (7 h à 10 h 30).

BARS

1er Sous-sol
"Au Bon Départ" au centre commercial (de 7 h à 23 h)
Pâtisserie – Pizzeria.

2e étage
Le "Concorde" (ouvert jour et nuit).

3e étage "La Corbeille" - Bar - Salon de Thé (ouvert de 10 h à 23 h).

Sur la terrasse
Glaces, distributeurs automatiques divers, crêperie.

ORLY OUEST

RESTAURANTS Tél: 687.16.16

- Restaurant de grand luxe "Maxim's", ouvert de 11 h à 15 h et de 18 h à 23 h. (Salon pour réceptions, déjeuners et diners).
- Rôtisserie "Le Grill", 3 étoiles, ouvert de 11 h à 15 h et de 18 h à 23 h. Menu à 155 F (service compris).
- Restaurant "La Galerie", 2 étoiles, ouvert de 11 h à 15 h et de 18 h à 23 h. Menu à 80,50 F (service et boissons compris).
- Snack "Mercure" ouvert de 10 h 30 à 23 h.

BARS

Rez-de-chaussée
"Bar arrivée" (ouvert de 6 h à 23 h).

1er étage
"Bar départ" (ouvert de 6 h à 23 h)

2ème étage Bar Mercure (ouvert de 6 h à 23 h)
Bar de la Galerie (ouvert de 11 h à 23 h 30).

ZONE SOUS-DOUANE
Bar du transit (ouvert de 9 h à 21 h).

en sus *in addition*
sans *without*
une brasserie *informal restaurant*
rez-de-chaussée *ground floor*

Look at the details of the bars and restaurants available at Orly airport, and complete the table below, by ticking the boxes as appropriate, either for all establishments or for those chosen by you or your teacher.

Name of bar or restaurant			
Floor Basement			
Ground			
1st			
2nd			
3rd			
4th			
Terminal			
South			
West			
24 hour opening			
Open meal-times only			
Meals provided			
Meals below 50F			
Meals above 100F			
Star-rating			
1			
2			
3			
luxury			
Service charge included			

17 La poste — à votre service!

One evening during David's stay with the Martin family, Didier's older brother Gilles rang. Mme Martin answered the phone.

Mme Martin Gilles, c'est toi? Qu'est-ce qui s'est passé? Tu n'es pas malade? Tu n'as pas eu d'accident?

Gilles Non, non. Calme-toi, maman, ce n'est pas grave. J'ai perdu mon portefeuille. Je n'ai plus assez d'argent pour rentrer dimanche prochain. Tu pourrais m'envoyer de l'argent, s'il te plaît?

Mme Martin Oui, bien sûr. Attends, voici ton père.

M. Martin Gilles, tu as perdu ton argent? Tu as prévenu la police, n'est-ce pas?

Gilles Oui, je suis allé au commissariat. Ce soir la police a trouvé mon portefeuille avec ma carte d'identité, et mes papiers. Mais l'argent n'était plus là.

M. Martin Et combien avais-tu?

Gilles 300 francs en billets. Il ne me reste que quelques pièces, 20 francs à peu près.

M. Martin Bon, d'accord. Demain matin, nous t'enverrons un mandat pour 300 francs au bureau de poste de la Grande-Motte.

Gilles Merci, papa, tu es très gentil. À dimanche!

1 Why did Gilles have to tell his mother to be calm?
2 What had he lost?
3 When was he due to return home?
4 What did he ask his mother to do?
5 What did his father want to know?
6 What exactly had the police found?
7 What was missing?
8 How much had he lost?
9 How did he manage to retain 20 francs or so?
10 What was his father going to do, and when?

Conversation

In this unit you will learn how and where to buy stamps in France and also how to make a phone call.

BUYING STAMPS

A Pour aller à la poste?

Remember in France you can buy stamps not only at the post office but also in a café-tabac where you see this sign:

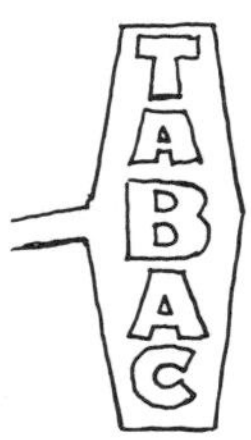

A post office, however, will be able to give you more general information about prices, etc.

Vous Où est-ce que je peux acheter des timbres, s'il vous plaît?

Un passant Vous pouvez acheter des timbres ou dans un café-tabac ou dans une poste.

Vous Il y a une poste près d'ici?

Un passant Oui, il y a une poste, rue de la gare. Vous allez tout droit, puis la première rue à droite et la poste est en face du cinéma.

Vous Merci.

B A la poste

Vous avez une lettre
ou une carte postale?

Où est-ce que vous voulez les envoyer?

1 Je voudrais envoyer une lettre
en Angleterre, s'il vous plaît.
C'est combien?

2 Je voudrais envoyer une carte postale
en Allemagne, s'il vous plaît.
C'est combien?

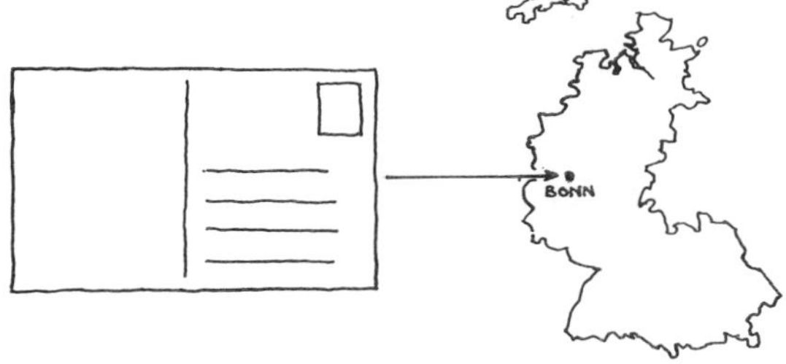

Continuez:

(*a*)

___?___ francs.

(*b*)

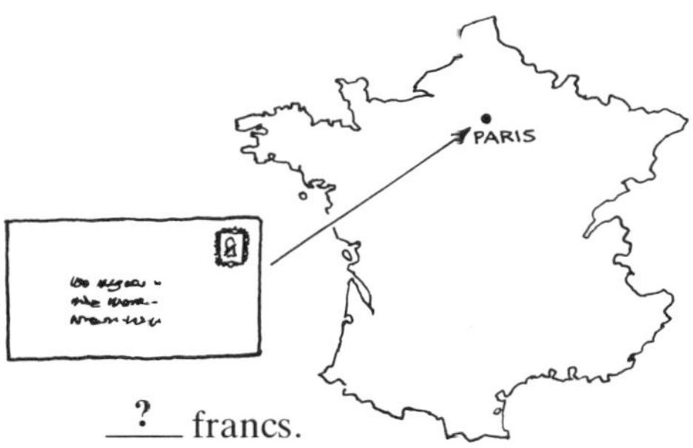

___?___ francs.

(*c*)

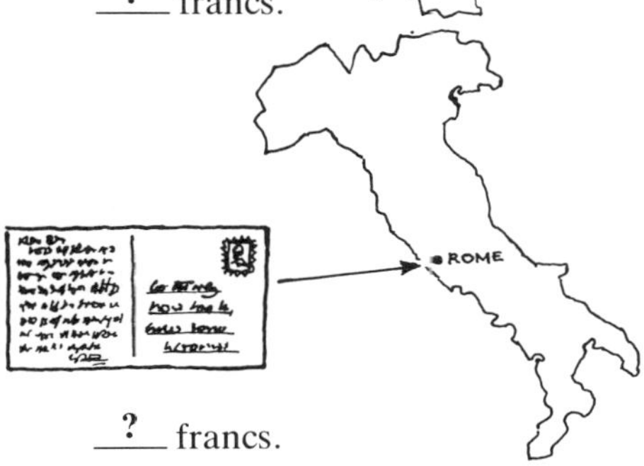

___?___ francs.

(*d*)

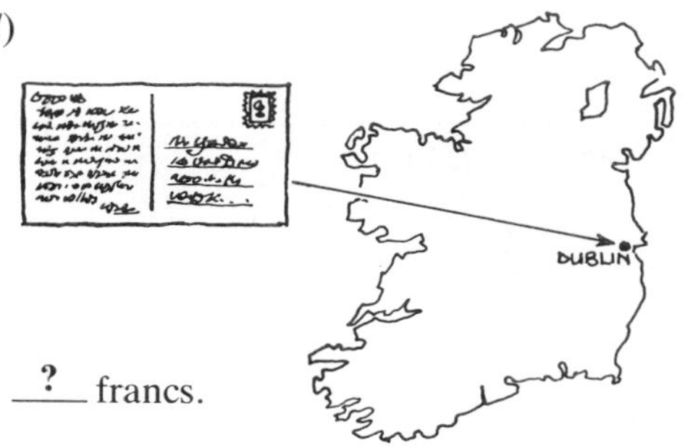

___?___ francs.

(*e*)

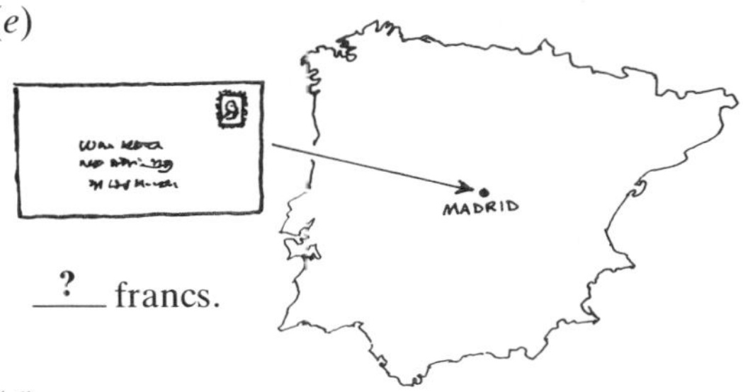

___?___ francs.

(*f*)

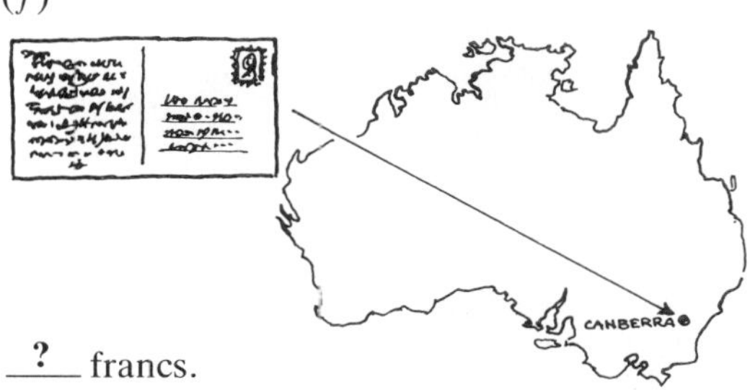

___?___ francs.

Now with a partner repeat these questions about the cost of sending cards and letters but this time give the correct price working from the chart below.

	CARTE POSTALE	*LETTRE*
FRANCE	1.90	2.20
CANADA, ALLEMAGNE, ITALIE, LUXEMBOURG, DANEMARK, BELGIQUE, PAYS-BAS, IRLANDE	1.90	2.20
ESPAGNE, GRANDE-BRETAGNE, GRÈCE, PORTUGAL, SUISSE	1.90	2.50
AUTRES DESTINATIONS	2.70	3.40

Allemagne *Germany*
Italie *Italy*
Irlande *Ireland*
Espagne *Spain*
Australie *Australia*
CEE *EEC*

C Les Timbres

1 Je voudrais un timbre à un franc quatre-vingt-dix, s'il vous plaît.

2 Je voudrais deux timbres à un franc quatre-vingts, s'il vous plaît.

3 Je voudrais un timbre à deux francs trente et un timbre à cinquante centimes, s'il vous plaît.

Vous continuez:

(*a*)

(*b*)

(*c*)

(*d*)

☆ *With a partner practise asking for these different stamps again but this time with your partner playing the rôle of the post office employee, who will tell you the total cost:*
e.g. (*b*) Voilà ça fait six francs trente, s'il vous plaît.

D *Now see if you can cope with the whole conversation at the post-office. In the first example the cost of the stamps is given. After that you or your partner can decide what the cost will be.*

(*a*) A.

C'est combien?

B. C'est 1 fr 90.

A. Bon, et 

s'il vous plaît.

B. Voilà. Ça fait 5 fr 70.

(*b*) A.

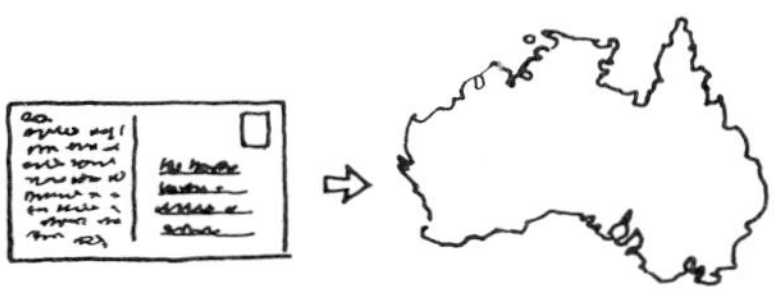

C'est combien?

B. C'est ____ francs, s.v.p.

A. Bon  , s.v.p.

B. Voilà. Ça fait ____ fr.

A. Merci, au revoir.

(*c*) A.

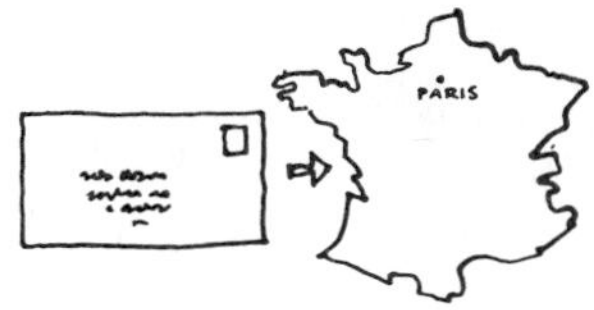

C'est combien?

B. C'est ____ fr.

A. Et  ??

B. ____ c'est ____ fr.

A. Bon 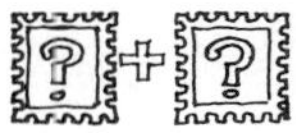 s.v.p.

B. Voilà. Ça fait ____ fr., s.v.p.

USING THE TELEPHONE

☆ **E** *Asking and giving phone numbers*
Here is more practice at remembering numbers in French. It's very important to get them right if you want to be able to make that call.

(*a*) **Jean-Luc** Quel est votre numéro de téléphone?
Marie-Claire C'est le quatre-vingts, soixante, dix-neuf, quarante et un.

(*b*) **Philippe** C'est quoi ton numéro, s'il te plaît?
Claudette C'est le 42–11–56–37.

(*c*) **Sylvie** Quel est ton numéro de téléphone, s'il te plaît?
Pascal C'est le 23–70–91–55.

(*d*) **Vous** .... numéro ??
Paul .... 27–72–75–09.

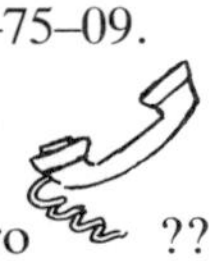

(*e*) **Vous** .... numéro ??
Dominique .... 22–66–54–13.

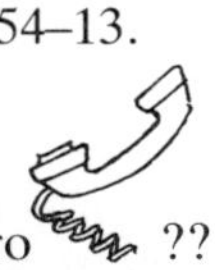

(*f*) **Vous** .... numéro ??
Robert .... 30–07–99–78.

F *Phoning from your penfriend's house*
When you first arrive you may want to ring home to let your parents know that you have arrived safely.

Vous Est-ce que je peux téléphoner à mes parents, s'il vous plaît, pour dire que je suis bien arrivé(e)?

La mère de la famille Oui, bien sûr. Tu fais le 19 pour l'international et puis le 44 pour l'Angleterre. Après ça, l'indicatif de ta ville mais sans le zéro, et puis le numéro. Tu comprends?

Did you follow what to do when ringing home? Remember to miss off the first 0 when dialling the local code. Sometimes you will have to wait for a different tone between the different parts of the number. If you want the person you are ringing to pay for the call, ask the operator for P.C.V.

For more details of how to use a phone box in France look at pages 38 and 39 of your pupil's book. It is quite easy and cheap to make a short call home when you are in France.

l'indicatif	*code*
PCV	*reversed charge call*

☆ TAKING A TELEPHONE MESSAGE

G *While you are staying with your French penfriend you may find yourself in the situation of being alone at home when the phone rings. Would you cope?*

Dring, dring! Dring, dring!

Emma Allô, c'est Emma à l'appareil. Je suis la correspondante anglaise de Marie-Claire.
Marc Ah, bonjour. Est-ce que je peux parler à Luc, s'il vous plaît?
Emma Je regrette, il n'est pas ici. Je peux prendre un message?
Marc Euh . . . Dites-lui que le match commence à huit heures ce soir et que Patrick et Dominique viennent avec nous. Vous comprenez?
Emma Oui, ça va.
Marc Vous parlez bien français.
Emma Merci! Je parlerai à Luc. Au revoir.

(*a*) *What message would you give Luc? Either write him a short note in French or with your partner playing the rôle of Luc, tell him the information in French.*

(*b*) *Now pick out these useful phrases from the conversation:*
Can I speak to . . .
Tell him . . .
Hallo, it's . . . on the line.
Can I take a message?
I'm sorry he's not here.

☆ **H** *Now try the following conversation. A Mr Leclerc rings up wanting to speak to your penfriend's father, M. Dreux. You are asked to pass on a message to him. Here are the notes you make in French.*

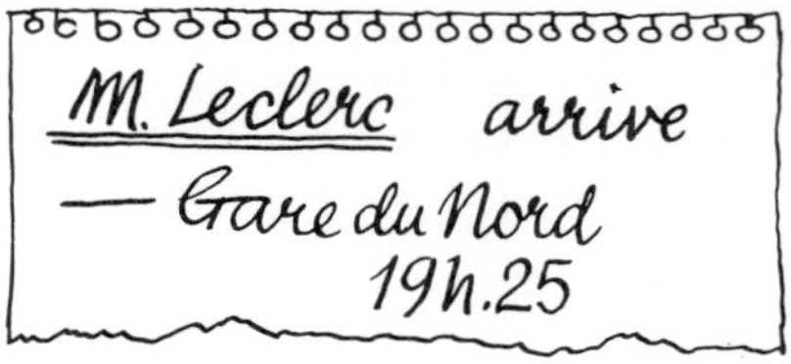

Act out this phone conversation with your partner playing the rôle of M. Leclerc.

☆ **I** *This time you are asked to take a message by one of your penfriend's schoolfriends. These are the notes you take. Act out the phone conversation you might have had, working with your partner. Then pass on the message to a third person who plays the rôle of your penfriend who arrives home later.*

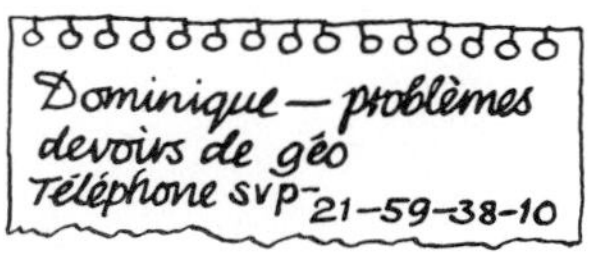

★ **J** *Finally you decide on the message which is to be passed on. Do not tell your partner what the message is in advance. If your school has a telephone system ask your teacher if you can use real phones in two different rooms. Make your phone-call or act it out and give the message. Your partner takes notes in French or English. Afterwards check whether your partner got the message!*

Extra Reading

This information describes the post-office and banking facilities at Orly. Read it carefully, and answer these questions.

BANQUE

La banque "SOCIÉTÉ GÉNÉRALE" (au 1er sous-sol) est ouverte de 8 h à 19 h 45 (dimanches et fêtes compris): toutes opérations bancaires (Tél: (1)46-77-61-71).

Change: le bureau de change de la Société Générale est ouvert en permanence, jour et nuit, dans le hall public du rez-de-chaussée (zone des arrivées). Téléphone: (1)46-77-61-71; le bureau de change du 1er étage est ouvert de 8 h 30 à 19 h 30 (ne change que des francs français en devises étrangères).

POSTES - TÉLÉPHONE

- Deux bureaux de poste:
  - au sous-sol: de 8 h à 19 h pour toutes opérations postales (le samedi, de 8 h à 12 h, fermé le dimanche et jours fériés).
  - au 1er étage: en permanence, pour les communications téléphoniques, dépôts de télégrammes, ventes de timbres (objets recommandés aux heures de fermeture du bureau du sous-sol).
- Deux boîtes à lettres extérieures, accessibles aux automobilistes sans descendre de voiture, offrent l'avantage de recevoir du courrier, même de "dernière heure" (deux levées tardives supplémentaires, à 21 h 30 et 22 h), situées près des portes M et G.

1 Is it possible to buy stamps at midnight, apart from machines? Explain your answer.
2 What is the difference between the services offered in the two post offices?
3 When does the basement post-office close on Saturdays?
4 How can one cash cheques on a Sunday?
5 How many exchange bureaux are there? What are their hours of business?
6 What is special about the outside letter-boxes?
7 The exchange bureau on the 1st floor conducts only one kind of business. What is it?

devises *currency*
en permanence *open all hours*
ventes *sales*
objets recommandés *registered items*
fermeture *closing*
courrier *mail*
levées tardives *late collections*

18 Paris — ville moderne

Look at Sections 3 and 4 of the story for this unit, on pages 122–123 of the Pupil's book, and answer these questions.

1. How did they travel from La Défense to the centre of Paris?
2. What kind of market had been at Les Halles before 1970?
3. Where did the market move in 1970?
4. What did the four friends do at the Forum des Halles?
5. How did they change level?
6. Who knew where the café was?
7. Who paid for the drinks?
8. How long did they spend in the café?
9. Where did they decide to visit despite the reduced time?
10. Which performers could be seen outside the Centre Pompidou?
11. What might they have seen inside, if they had had time?

Conversation

In Unit 11 you learnt how to shop for presents and souvenirs during a short trip to France. In this unit you will learn how to go shopping for fruit and vegetables, for other food, and for clothes and shoes.

SHOPPING FOR FOOD

A Fruits et légumes. *At a market you see these signs: link them up with the correct fruit and vegetables.*

citrons *lemons* **raisins** *grapes* **choux** *cabbages* **ananas** *pineapples* **cerises** *cherries* **la pièce** *each*

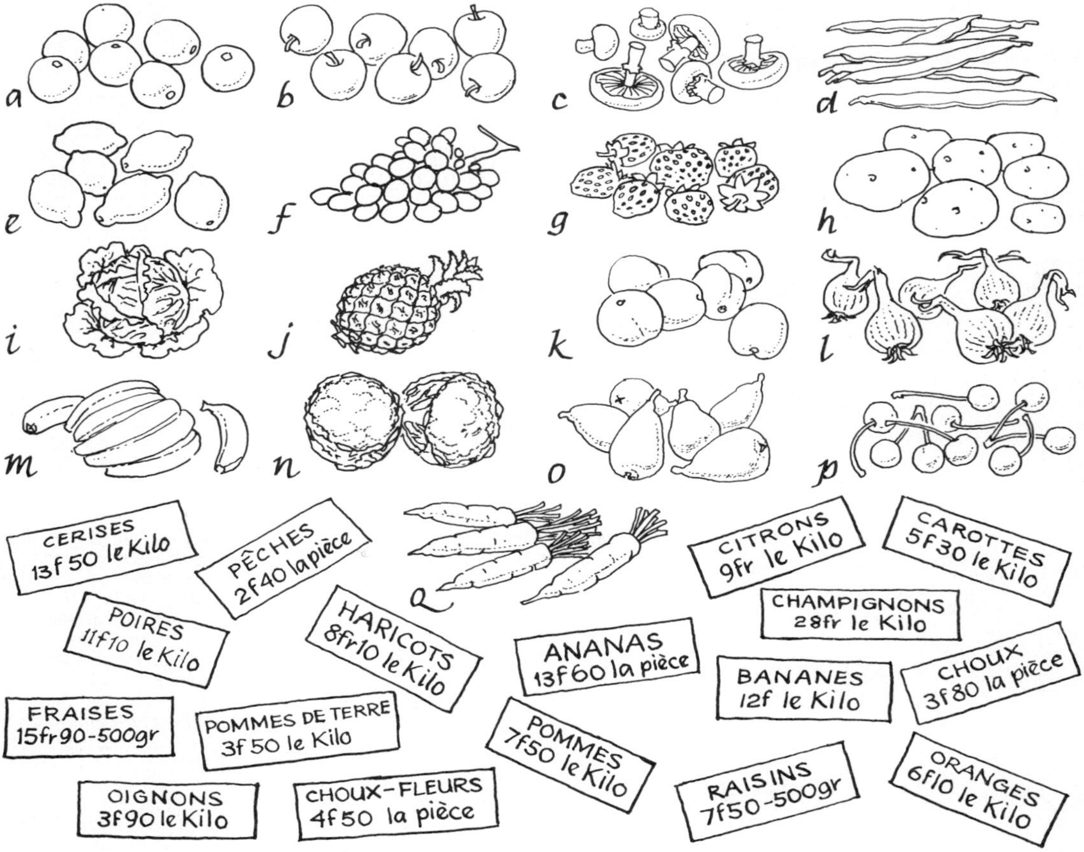

B *Buying fruit and vegetables*

1 **Dominique** Les pommes coûtent combien, s'il vous plaît?
La marchande Les pommes sont 7.50 le kilo.

2 **Alain** Les choux-fleurs sont combien?
Le marchand Elles sont 4.50 la pièce.

☆ *Working with a partner ask and give the prices of the following fruit and vegetables.*

(*a*)  fr.?

(*b*)  fr.?

(*c*)  fr.?

(*d*)  fr.?

(*e*)  fr.?

(*f*)  fr.?

3 **La marchande** Vous désirez?
Laurent Je voudrais deux kilos de pommes, s'il vous plaît.
La marchande Oui, voilà. Et avec ça?
Laurent Quatre pêches, s'il vous plaît.
La marchande C'est tout?
Laurent Non, je voudrais aussi un demi-kilo de raisins.
La marchande Voilà.
Laurent Ça fait combien?
La marchande Ça fait 32 fr 10 en tout, s'il vous plaît.
Laurent Voici 40 fr.
La marchande Et voilà votre monnaie — merci.

Pick out the important shopping phrases.
I would like . . .
Is that all?
How much does that make?
Here's your change.
That makes . . .
What would you like?

☆ **C** *With your partner playing the rôle of the shop-keeper practise conversations where you buy the following items of fruit and vegetables. Try to use as many as possible of the shopping expressions you have learnt. Do not forget to find out the price.*

(*a*) 1 kilo

+ 500 gr.

= ?

(*b*) 1 

+ 1 kilo 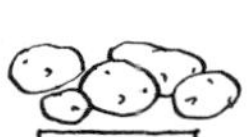

= ?

(*c*) 200 gr 

+ ½ kilo 

= ?

(*d*) 3 kilos 

+ 

= ?

D *Buying other food*

If you want to buy more than just fruit or vegetables in the market then you have a range of shops to choose from for different sorts of food, apart from of course **le supermarché**.

Link up these shops correctly with the articles you can buy at each of them.

des croissants *crescent-shaped rolls*
du saucisson *spiced sausage*

E *Quantities. There are many different ways of expressing quantity when buying food. Here are some of them:*

un kilo de 

deux kilos de 

un demi-kilo de 

une boîte de 

un pot de 

500 grammes de 

une bouteille de 

deux tranches de 

un paquet de 

une douzaine de 

un litre de 

Note that expressions of quantity are always followed by **de** *or* **d'**. *Link up each quantity with something you can buy at one of the shops,* e.g.,
Je voudrais une boîte de sardines, s'il vous plaît.
Je voudrais une bouteille d'orangeade, s'il vous plaît.

F *Choose six members of the class to play the shopkeepers at the six shops illustrated in this unit. These shopkeepers make a list of what they sell and the prices. The rest of the class are the customers. Before going shopping they must draw up their shopping list of about 8 items. Here is a possible example. Make sure you are buying goods from a variety of shops.*

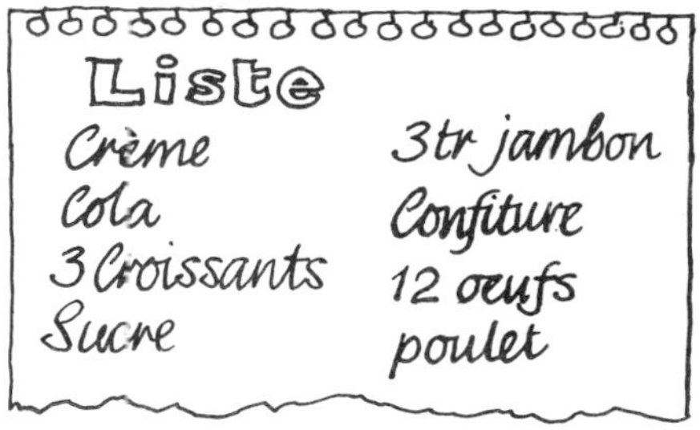

The shopkeepers sit round the room and the customers go and ask at each shop for the goods they want. After each purchase write down on your list the price you are told by the shopkeeper and add up the total at the end. The shopkeeper can decide if he or she has sold out of any popular item **Je regrette, je n'ai plus de . . .** *and then the customer can decide to buy something else.*

Set a total amount that each person has to spend before you start, perhaps 80 francs, and then you could see at the end who manged to spend closest to the 80 francs without overspending.

SHOPPING FOR CLOTHES AND SHOES

G *Look at the following conversations.*

1 Dans un grand magasin:

Marie Où est le rayon des vêtements?
La vendeuse 1 Au troisième étage, madame.
Marie Merci . . . voilà.
Chantal Qu'est-ce que tu cherches?
Marie Je voudrais acheter une robe.
La vendeuse 2 Bonjour. Vous aimez ces robes-ci?
Marie Oui, beaucoup.
La vendeuse 2 Vous faites quelle taille?
Marie Je fais du 38.
La vendeuse 2 Voilà une robe qui est très belle.
Marie Vous avez une robe comme ça mais en bleu?
La vendeuse 2 Oui — voilà. Vous voulez l'essayer?
Marie Oui, s'il vous plaît. . . .
La vendeuse 2 Ça va, vous la prenez?
Marie Non, je regrette, c'est trop petit.

2 Dans un magasin de chaussures:

Claude Bonjour. Je cherche des chaussures de sport.
Le vendeur Oui, monsieur, vous faites quelle pointure?
Claude Je fais du 41.
Le vendeur Voilà une paire.
Claude Ah oui, je peux les essayer?
Le vendeur Naturellement. . . .
Claude Oui, elles sont très confortables — je les prends. Ça fait combien?
Le vendeur 155 fr 50, s'il vous plaît.
Claude Quoi! Je regrette, C'est trop cher. Au revoir!

Vous faites quelle taille? *What is your size?*
Vous faites quelle pointure? *What size of shoe do you take?*

Neither customer was very successful. Why was that?

To add to your basic shopping phrases, here are some specialist expressions to do with buying clothes and shoes.

Vous faites quelle taille?

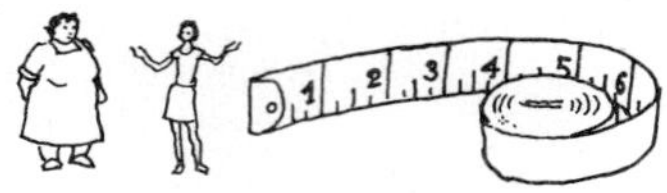

Vous faites quelle pointure?

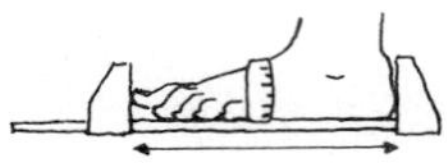

Vous voulez l'essayer?

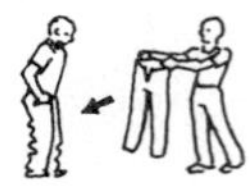

Est-ce que je peux l'/les essayer?

Vous le/la/les prenez?

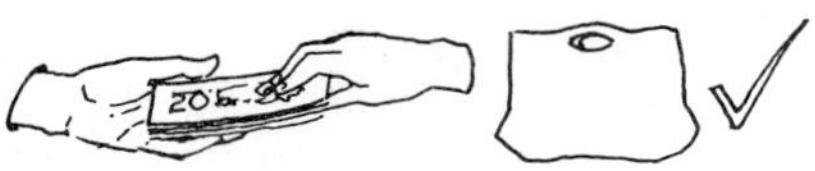

Oui je le/la/les prends.

Non, je regrette, c'est trop cher.

Non, je regrette, c'est trop petit.

★ **H** *Decide whether you are going to buy an article of clothing or a pair of shoes and check you know your size in Continental sizes. Act out a scene in a shop with your partner or teacher playing the part of the shop assistant. Decide whether you will buy what you try on and if not give a reason.*

Les chaussures

Angleterre	3	4	5	6	7	8	9	10	11	12
France	36	37	38	39 40	41	42	43	44	45	46

Les tailles

Angleterre	32	34	36	38	40	42
France	38	40	42	44	46	48

You should now be able to go shopping in France without too many problems.

Extra Reading

These items are among those advertised at various hypermarkets in the region of Périgueux. Can you carry out the activities suggested below, using the information contained in the advertisements?

1 *Work out the individual and overall cost of the following shopping-list*

500 grams ground coffee	6 bottles of cheap red wine
3 tins of green beans	500 grams of pork pâté
2 large fruit yoghurts	toothpaste
500 grams Camembert cheese	hair shampoo
500 grams butter	1 litre of cider

2 *Find the brand names for the following products:*

bath soap	Moroccan wine
chocolate cream	sweetened milk
natural yoghurt	chicken pieces
tinned sardines	tomato sauce

3 *What quantities are these sold in?*

shower gel	beer
rice	Roquefort cheese
peas	butter

moulu *ground*
riz *rice*
yaourt *yoghurt*
savon *soap*
ameublement *furnishings*
électroménager *household electrical*
son *sound*
taux maximum effectif *annual percentage rate*
garnis *served with vegetables*

EPICERIE

BISCOTTES HEUDEBERT, *le paquet de 34 tranches de 300 g* .... **4,40** *soit le kg 14,67*

CAFE MOULU MAISON DU CAFE, *le paquet de 500 g* ... **19,85** *soit le kg 39,70*

5 BOUCHEES MARS, *le pack de 250 g* .... **6,30** *soit le kg 25,20*

FLAN PATISSIER ALSA, *l'étui de 180 g* .... **2,80** *soit le kg 15,56*

LAIT SUCRE NESTLE, *le tube de 330 g* .... **4,95** *soit le kg 15,00*

SAUCE TOMATE BUITONI, *le lot de 4 boîtes 1/4 de 200 g* .. **7,80** *soit le kg 9,80*

CONFITURE FRAISES BONNE MAMAN, *le bocal de 370 g* .... **5,60** *soit le kg 15,14*

CREME MONT BLANC CHOCOLAT, *le lot de 3 boîtes de 340 g* .... **11,50** *soit le kg 11,27*

HARICOTS VERTS très fins BONDUELLE, le lot de 3 boîtes 1/2 230 g **8,70**

POIS EXTRA FINS BONDUELLE, le lot de 3 boîtes 1/2 270 g **8,70**

SARDINES A L'HUILE VEGETALE AMIEUX la boîte 1/4, 115 g **2,75**

RIZ LONG GRAINS LUSTUCRU, le paquet de 1 kg **10,20**

CREMERIE

ROQUEFORT COOP, *la plaquette de 100 g* .... **5,60** *soit le kg 56,00*

CAMEMBERT COOP NORMAND, *45 % MG, la boîte de 250 g* .... **4,95** *soit le kg 19,80*

COULOMMIER COOP, *50 % MG, la boîte de 350 g* .... **6,95** *soit le kg 19,86*

EMMENTAL EST CENTRAL, *45 % MG, plaquette de 400/600 g, le kg* **32,50**

YAOURT NATURE YOPLAIT, *le lot de 16 × 125 g* .... **12,50** *soit le kg 6,25*

YAOURTS FRUITS SAINT-MARTIN, le pot 1 kg........ **8,00**

BEURRE DOUX DE PAYS plaque 500 g........ **13,00**

LIQUIDES

CIDRE BOUCHE BRUT LA CIDRAIE, *le pack de 4 × 25 cl* **7,90**

CIDRE BOUCHE DOUX, *le pack de 4 × 25 cl* **7,90**

BIERE HEINEKEN, *le cluster de 6 × 25 cl* .... **13,90** *soit le litre 9,27*

ORANGINA *le litre consigné 1 f. 20* **2,80**

CHANTAZEL, VIN ROUGE DU MAROC, *12 % vol., le lot de 3 bouteilles de 75 cl* . **18,20** *soit le litre 8,09*

VIN DE PAYS DE L'HERAULT DOMAINE DE THOLOMIES, *le lot de 3 bouteilles de 75 cl* . **14,90**

BOUCHERIE

RUMSTEACK, *caissette de 2 kg minimum, le kg* **49,80**

ESCALOPES DE POULET GALINA, *le kg* **35,90**

PATE MARMITE PUR PORC, *le kg* **22,80**

DROGUERIE.HYGIENE

LESSIVE LIQUIDE MOHAIR, *le flacon de 750 ml* .... **14,95** *soit le litre 19,93*

AXION E 15, *le baril de 5 kg* .... **39,45** *soit le kg 7,89*

SHAMPOING BABYDOP *le flacon de 300 ml* .... **8,55** *soit le litre 28,50*

DENTIFRICE SIGNAL T 2, *le tube de 65 ml* .... **5,40** *soit le litre 83,08*

SAVON ZEST BAIN, *le lot de 4 × 150 g* .... **11,95** *soit le litre 19,92*

O BAO DOUCHE, *le flacon de 150 ml* .... **6,95** *soit le litre 46,33*

KLIR, *le bidon de 1 litre* **16,60**

REX CITRON, *le flacon de 750 ml* .... **6,95** *soit le litre 9,27*

CALGONIT LAVAGE, *le baril de 3 kg* .... **29,90** *soit le litre 9,97*

MONSIEUR PROPRE, *le flacon de 1 250 ml* .... **9,95** *soit le litre 7,96*

FLASH NET, *le flacon de 500 ml + 250 ml gratuit* ...... **4,95** *soit le litre 6,60*

Now look at this further information about the hypermarket.

4 On what kinds of goods are customers able to obtain credit facilities?
5 What is the minimum purchase necessary to qualify for credit terms?
6 Is it really 'free' credit?
7 What claim does the management make about the opening times of the cafeteria?
8 Do you have to pay extra for vegetables when you eat at the cafeteria?
9 On what morning will the hypermarket be closed for stock-taking?
10 What will happen after 26th September?